KB075307

유한과 무한

Le fini et l'infini

유한과 무한

알랭 바디우 지음
조재룡 옮김
함기석 해제

아숲

일러두기

• 이 책은 다음의 원서를 번역한 것이다. Alain Badiou, *Le fini et l'infini*, Bayard Éditions, 2010.
• 주석은 모두 옮긴이의 것이다.

〈소(小) 강연〉 총서
질베르트 차이(Gilbert Tsaï) 엮음

1929년과 1932년 사이에 발터 벤야민은 젊은이들을 대상으로 한 독일 라디오 방송에 글을 썼다. 이야기, 좌담, 강연 등으로 구성된 이 글은 훗날 '어린이를 위한 지식'이라는 제목으로 출간됐다.

질베르트 차이는 「소(所) 강연들」에 이 제목을 빌려 썼다. 그녀는 계절마다 이 강연을 열 살 넘은 아이들뿐 아니라 아이를 데려온 사람들을 대상으로 개최했다. 매번 강연은 오로지 이해를 도모하여 스스로 깨닫게 하겠다는 것을 목적으로 삼았다. 율리시스, 별이 빛나는 밤, 신, 언어, 이미지, 전쟁, 갈릴레오 등 강연에서 다룰 주제에는 달리 제한이 없었으나 규칙이 하나 있었는데, 그것은 강연자가 아이들에게 실제로 말을 걸어야 하고, 상투적인 방식을 벗어나 세대와 세대를 가로지르는 우정의 교류를 통해 그렇게 해야 한다는 것이었다.

경험이 쌓이자 이런 언어의 모험을 작은 책자로 만들자는 생각이 자연스럽게 대두됐다. 이 총서는 이렇게 탄생했다.

'무한 infini'은 부정적인 단어입니다. 'in'으로 시작하는 것은 이후에 오는 것의 부정이기 때문입니다. 이렇게 '무한'은 '끝나지 않은 것'을 의미합니다. 다른 예를 들어보겠습니다. '작용하지 않는 inactif'이라는 단어는, 움직이지 않는 것, 아무것도 하지 않는 것, 나태한 무엇을 의미합니다. '할 수 없는 incapable'은 가능하지 않은 것, 예를 들어 197 곱하기 183처럼 쉬운 곱셈 하나도 곧바로 해내지 못한다는 것을 뜻합니다. 또 다른 예를 들어보기로 합시다. 'inconnu'라는 단어는 '알지 못하는', 혹은 '아직 알려지지 않은'을 의미합니다. 197 곱하기 183의 해답은 여러분이 '알지 못하는' 것일 수도 있고, 여러분이 말할 수 없는 것일 수도 있습니다. 그 해답이 여러분에게는 '알지 못하는' 것이지만, 저는 54,351이라는 것을 알고 있습니다. 저에게는 알 수 있는 것이고, 여러분에게는 알지 못하는 것입니다. 여러분은 이렇게 접두어 'in'이 의미하는 바를 알 수 있을 것입니다. 마지막으로 예를 하나 더 들어보겠습니다. 접두어 'im'도 'in'과 마찬가지입니다. '어리석은 imbécile'은 'bécile'하지 '않은 im' 사람을 뜻합니다. 그런데 'bécile'은 무엇인가요? 물론 'bécile'은 사전에 없는 낱말이며, 따라서 우리가 알지 못하는 무엇입니다.[1] 그렇다면 'bécile'이 무슨 뜻인지 알지 못하기 때문에 그 반대인 'imbécile'의 '어리석은'이라는 뜻도 우리가 알지 못한다고 말할 수 있는 것일까요? 이처럼 '알려진 것'을 모를 때, 알려지지 않은 것도 모르게 되는 것일까요? 'bécile'이라는 단어 없이도 'imbécile'이 존재한다는 사실을 우리는 인정할 수밖에 없습니다. 무언가의 앞에 붙은 'in'이 그것의 부정이라는 규칙은 따라서 늘 사실인 것은 아닙니다. 무언가의 앞에 붙는 'in'은 이 무언가의 '아님', 즉 무언가의 부정이라고 우리는 일반적으로 말할 수 있겠습니다. 하지만 어떤 규칙이라도 항상 예외는 있는 법입니다. 예를 들어, '의무실 infirmerie'은 'firmerie'가 '아닌 in' 어떤 것이 아닙니다. 더구나 'firmerie'는 무엇입니까? 이 단어는 사전에 없으며 사용하지 않는 단어, 즉 우리에게는 '알려지지 *않은 inconnu*' 단어입니다. 그러니까 '있음직하지 *않은 in*vraisemblable', 이

---

1) 'bécile'이라는 단어는 프랑스어에는 존재하지 않는다.

'firmerie'라는 단어를 일부러 지어내는 건 '필요하지 *않은* *in*utile'일입니다. 예컨대 환자들은 진료실에 가지만, 아프지 않은 사람들이 'firmerie'에 간다는 것은 사실이 아닌 것입니다. 이렇게 말한다면, 그것은 '어리석은 imbécile' 것입니다. 나는 '어리석지' '않다'고 생각한다, 나는 따라서 'bécile'하다, 이것 참, 미안하지만, 이렇게 말하는 것은 어리석은 것입니다. 자신이 'bécile'하다고 믿는 사람이야말로 어리석은 사람입니다.

'무한 infini'이 '유한하지 않은 것'을 의미한다는 사실은 이제 명확해졌습니다. 이 경우는 규칙 속에 있습니다. 만약 '무한'이 '유한하지 않은 것'이라면, 이제 '유한 fini'이 의미하는 바를 알아봐야 합니다. 유한은 한계를 갖고 있고, 무한정 퍼져 나가지 않습니다. 유한은 예를 들어 공간 속에 어떤 형태와 한계를 갖춘 무엇입니다. 병에는 형태를 이루는 한계를 가지며, 또한 우리가 병마개를 손에 쥐어보면 병마개는 병보다 조금 더 한계를 가지며, 또한 크기도 조금 더 작다는 사실을 알게 됩니다. 어떤 것이 유한할 때 우리는 이 어떤 것이 그 자체보다는 좀 더 작다는 것을 의미한다는 사실을 알고 있습니다. 병마개처럼 그것은 유한한 것이고, 그래서 우리는 병마개가 병보다 작다고 말할 수 있는데, 이는 병마개의 한계들이 병의 한계들

내부에 있기 때문입니다. 결과적으로, 유한한 것은 그 자체보다 더 작은 부분들을 갖습니다. 이런 것들은 점점 더 작아질 수 있는데, 예를 들어, 병마개는 그 자체로 병보다 더 작으며, 또한 병마개의 윗부분은 이 병마개보다 더 작다고 할 수 있기 때문입니다. 또한, 이 세 개는 모두 유한합니다. 여기서 여러분은 유한한 것은 측정될 수 있다는 사실을 알 수 있을 것입니다. 크기를 사용하지 않았다면 어떻게 제가 어떤 것이 다른 어떤 것보다 더 작다고 말할 수 있었을까요? 줄자를 들고 재볼 때 저는 병이 그 병의 마개보다 몇 센티미터 더 길다는 사실을 알게 되는 것입니다. 따라서 유한과 수(數) 사이에는 어떤 관계가 존재하는데, 이는 무언가가 유한할 때 숫자는 이 유한한 무언가에 크기를 제공하고, 그것이 다른 것보다 더 작거나 더 크다고 말할 수 있게 해주기 때문입니다.

또한, 이 모든 것은 공간 속에 위치합니다. 병은 지금 여기 이 강의실이라는 공간에서 자신의 한계를 가집니다. 이 강의실 역시 몽트뢰유라는 공간 속에서 한계를 가지며, 몽트뢰유라는 도시는 프랑스라는 공간 속에서, 또한 프랑스는 세계라는 공간 속에서, 세계는 우주라는 공간 속에서 자신의 한계를 가지며, 또한 우주 자체도 우리가 알지 못하는 공간 속에서 자신의 한계를 갖는다는 사실을, 여러분은 알고 있을 겁니다. 결국 어떤 경우에도 한계가 존재한다는 말입니다.

이런 사실은 주로 공간과 연관된 것이지만 시간도 또한 그렇습니다. 마찬가지로 시간 속에서도 사물은 한계를 갖습니다. 안타깝게도 지상에서 인간에게 주어진 삶은 유한합니다. 나의 탄생과 나의 죽음 사이에는 일정한 숫자로 된 연도들이 존재합니다. 여기서 우리는 다시 수를 만나게 되는데, 바로 나이라는 것이며, 나이는 아름다운 희망이라 할 백스무 살에 아주 드물게 당도합니다. 그러나 백스무 살 이후, 안타깝게도 삶은 유한합니다. 인간이라는 존재가 유한하다고 말하는 이유 중 하나가 바로 여기 있습니다.

모든 것에 이름 붙이기를 좋아하는 철학자들은 이를 '유한성'이라 부릅니다. '불안하다'를 '불안감'이라고 부르는 것처럼 '끝이 있다'를, 우리는 '유한성'이라고 부릅니다.[2] 철학자들은 우리가 병처럼 공간 속에서 육체를 갖고 있기에 시간과 공간 속에서 한계를 가진다고, 즉 인간의 유한성이 존재한다고 말하는 것입니다. 여러분이 보시다시피, 인간의 유한성은

2) finitude(유한성)'와 'inquiétude(불안감)'의 종결어미가 'tude'라는 사실에서 착안하여 이 둘을 비유한다.

죽음과 관계가 있으며, 유한과 무한은 더러 죽음에 관해 말하기도 합니다. 동물과 마찬가지로 우리는 죽고야 마는 유한한 육체를 갖고 있습니다. 인간이라는 존재는 죽는 것을 좋아하지 않습니다. 그러므로 인간은 무한하기를 희망하고, 죽음 이후에도 다른 방식으로나마 무언가가 지속하기를 바랍니다. 결과적으로, 우리는 어쩌면 무한할 것이며, 영원한 삶도 존재할지 모릅니다. 종교는 인간 삶의 이 유한과 무한에 관한 문제에 대해 많이 연구했습니다. 그러나 지금은 잠시, 유한에 관해 좀더 이야기하기로 하죠.

앞서 여러분께 말씀드렸듯이, 유한은 수(數)와 떨어질 수 없는 관계에 놓이는데, 그것은 수가 유한을 측정하기 때문입니다. 제가 어떤 나이에 죽는다고 해봅시다. 가령, 제가 여든 살에 이르러 죽는다면, 여든 살이라는 나이는 하나의 숫자입니다. 사람들이 항상 언급하는 것이 사망한 사람의 나이라는 사실에 잠시 주목할 필요가 있습니다. 우리는 흔히 '어떠어떠한 사람이 스무 살에 위중한 암으로 사망했다'라고 말합니다. 유한은 따라서 숫자입니다. 무한에 관해 말하자면, 무한은 죽음의 반대입니다. 다시 말해, 무한은 실제로 유한하게 우리에게 주어지는 저 나이라는, 즉 우리가 고정한 이 숫자와는 반대라고 하겠습니다. 신이 존재한다고 생각한다면, 우리는 당연히 신은 무한하다고 말하게 될 것입니다. 그렇게 하지 않으면, 신도 죽는다고 생각해야 할 테니까요. 그러나 사망하는 신이란 도대체 무엇일까요? 죽는다면 진정한 신이라고 할 수 없을 겁니다. 왜냐하면 그런 신은 우리와 너무나 가까운 존재에 불과할 테니까요. 예순다섯 살에 죽은 신이 있다면, 그런 신에게 기도하러 갈 필요도 없을 테고, 더구나 백스무 살까지 살게 해달라고 이 신에게 부탁하러 갈 필요는 더욱더 없을 겁니다. 사람들이 진정으로 믿는 신을 믿는다면, 신은 무한합니다. 어쩌면 우주 역시 무한합니다.

우주는 존재하는 모든 것이며, 유한한 나 자신이고, 나아가 유한한 구(球)인 지구이며, 유한한 태양계이자, 엄청 크다 하더라도 이 또한 유한한 은하계와 이 은하계에 속한 수백만의 별입니다. 은하계는 훨씬 더 거대한 성단(星團)에 속해 있으며, 이 성단 또한 초거대 성단에, 이 초거대 성단 역시 우주의 어떤 지역에 속해 있는 등, 점점 더 크기를 키워가며 이 같은 분류는 반복될 것이며, 우리는 어디에서 이것이 끝날지 알지 못합니다. 이 같은 분류가 끝나지 않을 때, 바로 그때를 무한이라고 정의할 것입니다. 우주에는 한계가 없을지도 모르며, 우리는 우주가 무한하다고 생각할 수도 있을 겁니다. 인간은 이 우주에서 정말이지 아주 작은 개미, 거대하고 무한한 우주에서 유한한 개미일 뿐입니다. 이런 생각이 즐겁지만은 않으니 갚아줄 방법을 우리 한번 찾아봅시다. 인간이라는 존재는 유한하며, 인간이라는 존재는 분명 무한하지 않습니다. 그러나 인간은 무한이 무엇인지 알고 있으며, 지금 제가 여러분에게 무한에 관해 말하고 있다는 사실이 바로 그 증거입니다. 우리는 유한하지만, 무한에 대해 완벽하게 모르고 있는 것만은 아닙니다. 우리는 무한에 관해서 말할 수 있고, 그것에 이름을 부여했으며, 무한이 무엇인지, 아니면 우주가 과연 무한한지 의문을 가질 수도 있습니다. 결과적으로, 비록 유한하다 하더라도, 인간은 무한에 관해 생각할 수 있습니다. 여기에 인간의 힘이 있습니다. 철학자 파스칼은 "인간은 자연에서 가장 약한 갈대지만 생각하는 갈대다"라고 말한 바 있습니다. 우리처럼 유한한 다른 것들이 수없이 존재하지만, 이 다른 것들이 우리처럼 무한에 관해 사고하는지는 확실하지 않습니다. 우리는 무한하지 않지만, 무한이 무엇인지 알려고 할 수 없는 것은 아닙니다.

유한은 따라서 공간과 시간 속에서 우리가 생각할 수 있는 수(數)에 의해 측정됩니다. 우리는 이 유한한 것이 이러저러한 크기를 가진다고 생각할 수 있고, 또한 이런 사실로부터 무한에 관해 생각해보려고 시도할 수도 있습니다. 숫자에 대해 한 번 생각해봅시다. 아주 멋지다 할 숫자 '제로', 즉 0에서 시작해 봅시다. 무(無)의 수인 이 제로는 아랍인이 발명했습니다. 만약 제가 "여러분은 모두 제로다"[3]라고 말한다면 어떻겠습니까. 그다지 상냥한 태도는 아니겠죠. 0 다음에는 1이 있습니다. 그리고 이것은 멈추지 않고, 한계를 갖지 않고, 계속됩니다. 따라서 숫자의 무한성이 존재합니다. 이 사실을 더 명확하게 말해 보겠습니다. 지금 아주 큰 숫자 하나를 여러분이 선택했다고 가정해봅시다. 여러분이 선택한 숫자 안에는 그 숫자보다 더 큰 무한성이 여전히 존재합니다. "이 수가 모든 수의 한계다"라고 확정하는 것은 따라서 가능하지 않습니다. 이는 그 수에 1을 더하는 것만으로도 그 수보다 더 큰 수를 갖기에 충분하기 때문입니다. 아주 큰 수도 마찬가지입니다. 그 수에서 더 큰 수를 만들어내는 것은 어렵지 않습니다. 수는 이렇게 해서 무한성을 갖습니다. 숫자들의 영역에서 우리는 '수는 언제나 계속될 수 있다'라는 의미에서 무한을 만나게 됩니다. 심지어 글자

---

3) 프랑스어에서 사람을 주어로 'zéro'라고 말하면 그는 '형편없다'라는 의미가 된다.

에 제로를 첨가하는 것만으로 충분할 때도 있습니다. 예를 들어, 여러분이 1을 적은 다음, 그 글자 옆에 0을 추가하면 1은 10이 되며, 1의 옆에 0을 두 개 더 적으면 100이 됩니다. 우리는 여러 개의 0만으로도 거대한 숫자를 만들어낼 수 있습니다. 이런 사실은 작은 기호를 추가하는 것만으로도 우리가 절대로 한계를 만나지 않고 계속할 수 있다는 사실을 보여줍니다.

멈추지 않고 점점 커지는 이 숫자들의 이야기나 이 주제에 관해서 어린이들을 위해 제가 쓴 짧은 연극 작품의 초반부를 한번 읽어보겠습니다. 작품의 제목은 「철학자 아메드 *Ahmed philosophe*」입니다. 철학자 아메드는 온갖 종류의 모든 것을 설명하기 좋아합니다. 그중에는 무한도 있습니다.

"무대 위에서 무엇이 펼쳐지는지 보려고 여기 몇 분이나 오셨나요? 300명이라고 가정해볼까요? 저는 우수리가 없는 숫자만 좋아하고 또 숫자가 계산이 딱 맞아 떨어지는 걸 좋아합니다. 1789나 3902 같은 숫자는 무엇을 닮았을까요? 덜 익은 쿠스쿠스 요리[4]처럼 보입니다. 우수리가 없는 숫자는 아름답고 정확합니다. 이 숫자는 아름다운

---

4) 쿠스쿠스(couscous) : 둥근 좁쌀 모양의 파스타로 북아프리카 마그레브 지역에서 주식으로 쪄 먹는다.

여성을 닮았습니다. 제가 무슨 말을 하려는지 아시겠죠? 물론 여기 있는 300명이 아름다운 어느 여성을 닮았다고 말하려고 제가 여러분에게 이 말을 꺼낸 건 아닙니다. 에이, 그럴 리가요, 지상의 세계에 아름다운 여성만이 있는 것은 아니겠죠. 낙원에서는 그럴 수도 있다고 해도, 그건 조금 지나친 것 같습니다. 무슨 말을 하려는지 아시겠어요? 백만 명의 아름다운 여성, 그것은 단 한 명의 남성에게 지나치게 많은 숫자입니다. 자, 낙원 이야기는 그만하도록 합니다. 어떤 0 하나가 무대로 들어온다고 가정해봅시다. 0이 무대에 들어오는 모습을 상상하는 게 쉬울 리 없겠죠. 그래도 한번 노력해봅시다. 연극은 상상하기 어려운 것을 상상하려고 있는 것입니다. 자, 어서 한번 집중해보세요. 지금 멋진 0이, 우수리 없이 완벽한 숫자 0이 지금 무대로 들어옵니다. 여러분 0이 보이죠? 어서 0에 주목해보세요. 지금 무슨 일이 일어나고 있나요? 0이 저기 300의 끄트머리에 자리를 잡고 앉았습니다. 그러자 갑자기 3000이 되네요. 300의 끄트머리에 0이 붙으니 3000입니다. 틀림없습니다. 아름다운 0 덕분에 여러분은 3000이 되었습니다, 아이고, 저는 바싹 긴장합니다. 3000명 앞에서 연극을 하게 되니, 긴장해서 온몸이 꽁꽁 얼어붙을 지경이라고요. 그런데 제가 지금 무엇을 보고 있는 거죠? 저기 또 다른 0이 들어오네요. 이 0은 조금 말랐는데, 아픈 건 아닌 것 같아요. 여전히 통통합니다. 이 0은 1

과 2와 3을 아주 많이 먹어버렸습니다. 이 0은 심지어 78도 먹어 치웠습니다. 0으로 만들려면, 0이 아닌 모든 것을 먹어 치워야만 합니다. 그렇게 하지 않으면 0을 얻을 수 없습니다. 1이나 78 같은 게 남아 있다면 0을 얻을 수 없어요. 0이 아닌 모든 것들을 0들이 먹어 치웠네요. 그래서 0들은 우수리 없이 둥글고, 게다가 영양 상태도 좋은가 봅니다. 0들은 오로지 0으로 남으려고 하루 종일 숫자들을 먹어 치웁니다. 많이 먹으면서도 날씬한 걸 보니 0들은 운이 좋은가 봅니다. 그런데 저는 왜 이 0들이 늦게 도착하는지 잘 모르겠습니다. 이보세요, 미스터 제로, 영 씨, 어서 한번 말해보세요. 연극을 시작한 지 얼마 지나지 않았는데, 벌써 3000이 됐단 말이에요. 제로 씨, 저 끝으로 가시고 5와 잡담을 나누지 말아주세요. 0이 3000의 맨 끝에 붙어 30,000을 만드니, 아이고, 저는 더욱더 겁이 나기 시작하네요. 30,000명은 로마의 서커스단이나 록 그룹 마제스투스 브라운 에그[5]의 콘서트에나 어울리는 관객 숫자이지, 이곳처럼 조용하고도 아담한 극장에는 어울리지 않아요. 앗, 조심하세요, 또다시 커다란 0입니다. 이 0은 방금 742를 먹어 치웠군요. 그리고 또 다른 0이, 아니 그 뒤를 이어서 또 다른 0이 여기저기 있어요. 어서 저들을 멈춰주세요. 경찰은 대체 어디

---

5) 'Majestuous Brown Egg'는 허구의 록 그룹이며 Alain Badiou, *Ahmed le subtil*, Actes Sud-Papiers, 1994에 등장한다.

있는 거죠? 경찰관 아저씨, 저 0들을 어서 잡아가 주세요. 0들을 모두 다 잡아가 주세요. 그중에서 수많은 0을 가진 사람들, 예를 들어, 억만 장자들도 함께 잡아가 주세요. 그들은 0을 정말 많이 갖고 있어요. 아, 그들이 오고야 맙니다, 0들이 계속해서 밀려오네요, 셀 수 없는 0들의 더미가 밀려와 다른 숫자의 끝에 자꾸 붙어서 백만이 되고, 10억이 됩니다. 점점 늘어 100경(京)이, 10해(垓)가, 1자(秭)가, 1,000자가, 100 양(穰)이, 10구(溝)[6]가 됩니다. 살아 있는 자들 모두, 그리고 죽은 자들도 모두, 이 극장 안에 있네요. 계속 생겨나는 모든 발걸음과 당도하는 모든 0들이 여기에 있네요. 둥글고 무한한 0에 완전히 녹아 합산된 대중이 여기에 있네요. 여기서 사는 사람, 이미 지나간 사람, 앞으로 올 사람, 이렇게 인류 전체가 지금 이 극장 안에 있습니다."

연극에서 연출된 '무한'에 한계가 없는 반면, 각각의 숫자는 유한하다는 사실을 여러분은 아시겠죠. 숫자들의 연속에는 한계가 없지만, 각각의 숫자에는 한계가 있습니다. 5를 말할 때 우리는 6이나 7을 말하지 않습니다. '무한'은 어떤 유한한 숫자보다도 크고, 또한 그것과 다른 유한한 숫자를 찾아내

---

6) 만진법(萬進法)으로 경(京) = 10^{16}, 해(垓) = 10^{20}, 자(秭) = 10^{24} 양(穰)= 10^{28}, 구(溝) = 10^{32}이다.

는 게 항상 가능하다는 사실을 의미합니다. 몇몇 철학자는 신이나 우주처럼 무한한 무언가를 실제로 발견할 수 없다는 사실을 반박하기도 했습니다. 사실 우리는 흔히 말하는 신이나 우주보다 더 큰 신이나 우주를 찾지 않습니다. 이는 신이나 우주가 그 자체로 무한하기 때문입니다. 저는 숫자를 한계가 없는 무엇이라고 생각하는 대신, 단지 이 한계를 이동시키는 무엇이라고 생각합니다. 요컨대 내가 어떤 병 안에 있다고 가정한다면, 나는 항상 내 병 안에, 그러나 이 병의 유한한 부분들과 함께 있게 됩니다.

따라서 우리는 무한에 관해서는 다소 결핍되어 있다고 하겠습니다. 다시 말해 항상 더 나아갈 수 있기 때문에 우리는 무한을 향하지만, 우리는 무한에 이르지 못하며, 항상 유한으로 남습니다. 19세기 독일의 수학자 칸토어[7]는 무한한 숫자들을 발견했습니다. 그는 연속적인 유한한 숫자들뿐 아니라 실제로 무한한 숫자들도 발견했습니다. 그는 수학이나 정수론만이 아니라 사물에 대한 관점과 철학 전체를 바꿔놓았습니다. 칸토어의 생각은 상당히 단순합니다. 그는 숫자에 다른 숫자를 추

---

7) 칸토어(G. Cantor, 1845~1918). 독일의 수학자. 데데킨트와 함께 집합론의 창시자이다. 칸토어의 집합론 등에 관해서는 해제를 참조하라.

가하지 않고, 숫자 전체를 한꺼번에 취했습니다. 그리고 이 모든 숫자를 한꺼번에 생각하면서, 그 숫자들에 집합이라는 이름을 부여했습니다. 그는 집합이 무엇인지 생각을 발전시킬 필요가 있었습니다. 여기서는 그의 직관과 착상만을 잠시 살펴보겠습니다. 예를 들어, 숫자를 하나씩 헤아리는 수고를 하지 않고 모든 숫자를, 마치 그물로 그렇게 하듯이 한꺼번에 잡는다고 해봅시다. 하나의 숫자에서 다른 하나로 넘어가는 대신에 아주 멀리, 정말 아주 멀리 그물을 던집니다. 그런 다음 그렇게 잡은 이 집합에 '오메가'라는 이름을 붙입니다. "나는 모든 숫자의 집합을 오메가라고 부른다."라고 칸토어는 말한 바 있습니다. 오메가는 그리스 글자입니다. 어떤 숫자이건, 아무리 크더라도 이 오메가에 포함됩니다. 여기서 제기되는 물음을 '그렇다면 무언가에 포함된다는 것은 무엇을 의미하는가?'라는 문장으로 표현할 수 있을 겁니다. 어떤 숫자건 간에, 또한 그 숫자가 아무리 크더라도 무언가에 포함된다고 어떻게 말할 수 있는 걸까요? 병마개나 혹은 병의 다른 부분이 병에 포함되는 것과 같은 방식일까요? 모든 숫자는 집합 오메가, 즉 진정한 무한 집합을 형성하는데, 이는 오메가 속에는 단순히 하나의 숫자에서 다른 숫자로 넘어가게 해주는 길만이 있는 것이 아니라 모든 숫자가 있기 때문입니다.

요약해봅시다. 인간의 생각 속에는 두 가지 서로 다른 무한에 관한 개념이 존재합니다. 첫 번째·개념은 한계를 만나지 않고 언제나 계속할 수 있는 무엇으로 무한을 이해합니다. 이 무한은 학술적이지만 아주 단순하게 '잠재적'이라는 이름으로 부를 수 있는 무한입니다. 왜 잠재적일까요? 이 무한 속에서 나는 앞으로 나아가면서 산책할 수 있으나 절대로 무한한 총체를 만나지는 않습니다. 이것은 산책의 무한입니다. 한계를 만나지 않은 채 나는 거기서 산책할 수 있으며, 그것은 늘 새롭고, 더 크며, 다른 것입니다만, 항상 끝납니다.

또 다른 무한이 존재하는데, 칸토어가 소개했던 무한, 하지만 이미 신의 무한이거나 우주였던 무한입니다. 이 무한은 모든 무한한 숫자들을 포함하는 진정으로 무한한, '실재적' 무한입니다. 이 실재적 무한은 잠재적 무한의 한계와도 같습니다. 잠재적 무한 속에서 나는 하나의 숫자에서 이보다 항상 큰 숫자로 이동하며 절대로 끝에 도달하지 못하지만, 실재적 무한 속에서는 일종의 봉투 안에 모든 것을 넣고 끝에 도달합니다. 만약 제가 무한하게 살 수 있는 보행자였더라면, 나는 모든 숫자를 가질 때까지 걸을 수도 있을 것이며, 그렇게 해서 마침내

실재적 무한에 다다를 수 있을지도 모르겠습니다.[8]

우리는 실재적 무한, 즉 오메가를 표기할 때 옆으로 누운 8 과 같은 기호를 사용합니다. 지금부터 연극의 두 번째 부분을 여러분에게 읽어보려고 합니다. 잠재적 무한이 아닌 실재적 무한과 관련되는 내용입니다.

"제가 지금 무얼 보고 있는 거죠? 저기에 우스꽝스러운 표정을 짓고 있는 무언가가 있군요. 그 모습은 0이 두 개, 즉 0의 쌍둥이 같네요. 서로 붙어 있는 게, 이 두 개의 0은 오히려 샴쌍둥이라고 말할 수도 있겠어요. 8을 닮았군요. 0 위에 또 다른 0이 있지만, 서 있는 게 아니라 누운 8이라는 걸 저는 말하고 싶은 겁니다. 아시겠어요? 누워 있다니, 정말 게으르기 짝이 없는 8이군요. 극장에 와서는 잠을 자지 않는답니다. 자, 어서 일어나세요. 아니네요. 진짜 8이 아니에요. 진짜 8도 아닌 게 어떻게 여기 있을 수 있죠? 어이쿠, 이런! 몰라봤네요. '무한'이로군요. 통통한 0들이 끝없이 펼쳐진 다음에 당도한 무한이로군요. 0이 더는 있지도 않네요. 0이란 0은 죄다 늘어섰어요. 무한이 여기 있으니까, 0들을 위한 0, 이런 일이 일어난 겁니다. 100만의 21제

8) 잠재적 무한은 '잠재 무한'이나 '가(假)무한'으로, 실재적 무한은 '현실적 무한'이나 '실무한'으로 불리기도 한다. 이에 관해 상세히 다룬 해제를 참조하라.

곱의 30제곱보다 멀리, 아주 멀리 찾으러 가야 할 만큼, 수많은 0들이 도착했어요. 마침내 우리는 숫자 저 너머에 있어요. 거기서는 숫자를 더는 셀 수 없습니다. 때마침, 살그머니 도착한 무한이 이렇게 말합니다. "제로 신사 여러분. 여러분이 아무리 서로 보태고, 서로 잡아먹고, 서로 정렬한다 해도, 저와 함께라면 소용없습니다. 그래봐야 결국에는 아무 일도 일어나지 않았던 것처럼 되고 말거든요. 무한에 0을 더해도 언제나 무한일 뿐이기 때문이죠."

이 말을 듣고 기분이 상한 0들은 우루루 밖으로 나갔습니다. 그리고 평소의 뾰족한 0이 됐습니다. 오, 존경하는 무한 씨, 당신에게 무한히 감사드리는 바입니다. 0들을 밖으로 몰아내고 다시 못 들어오게 극장 문을 닫으려면 당신에게 기댈 수밖에 없었었는데, 이제 저는 연극을 시작할 수 있게 됐네요. 정말 감사합니다. 이 무대 위에서 벌어지는 걸 보려고 여기 몇 분이나 와 계신가요? 여러분은 300명이며, 당연히 300 더하기 무한이 되겠죠. 하지만 300 더하기 무한, 그것은 무한인데, 무한 옆의 300이 0을 말하는 것과 같기 때문입니다. 따라서 여러분은 무한히 많은 수입니다. 이렇게 많이 와주셔서 여러분께 다시 한 번 감사드립니다. 너무나 많이 와주셔서, 혹시라도 버릇없는 0이 슬그머니 끼어들더라도, 아무것도, 정말로 아무것도 바뀌지 않을 거예요. 무한의 평화, 이 얼마나 평화롭습니까. 조용히 해주세요. 무대 저

안쪽에서 잠자고 있는 무한이 보이네요. 무한은 보통은 잠들어 있습니다. 그가 깨지 않게 조심해주세요. 무한이 잠잘 때 유한은 침묵합니다. 그러니 쉿."

"무한은 보통 잠들어 있다."라고 연극에서 말합니다. 사실 우리는 무한을 자주 생각하지는 않는데, 그건 무한에 대한 생각이 우리의 유한성과 죽음을 상기하기 때문입니다. 무한에서 끔찍한 것은 바로 이것입니다. 무한은 우리가 무한하지 않다는 사실을 상기합니다. 앞에서 말했던 파스칼은 다음과 같이 적었습니다. "이 무한한 공간들의 영원한 침묵이 나를 두렵게 한다." 무한과 마주한 일종의 두려움과 공포가 존재하는데, 그것은 우리를 유한성과 결부시키고 마는 죽음에 대한 끔찍한 생각이 무한에 포함돼 있기 때문입니다. 그러나 살아 있는 인간은 무한을 헤아릴 줄 안다는 사실을 기억합시다. 인간은 무한한 수를 창조했고, 무한인 것에 관해 글을 썼으며, 이렇게 생각을 통해 인간은 무한의 지배자가 됩니다. 무한과 유한에 관한 공부를 포함해서 수학, 그러니까 끔찍하고, 어렵고, 모호하기도 한 수학을 공부하는 게 중요한 이유가 바로 여기 있으며, 이는 수학 공부가 무한에 대한 진정한 생각을 끌어낼 것이기 때문입니다. 우리는 마침내 우리 자신이 무한의 지배자이기도 하다는 사실을 이해하고 생각할 수 있는 지점에 와 있습니다. 우리는 수학이 죽음보다 훨씬 강하며, 이 때문에 수학을 배워야만 한다고 말할 수도 있겠습니다. 물론 유한 속에서, 유한 속에서의 삶은 아름답고 재미있을 수 있습니다. 여행이나 컴퓨터 게임을 즐기는 삶, TV를 보고, 만남을 즐기고, 연인과 이야기를 나누고, 사랑이 가득한 삶, 이 모든 것은 아주 멋집니다. 저는 수학을 배우려고 이 모든 것을 포기해야 한다고 말하는 게 아닙니다. 우리는 이 모든 것을 아름다운 유한성이자 우리가 가질 수 있는 아름다운 삶이라고 부를 수 있을 겁니다.

수많은 시인이 그 자체로 유한이 아름답고, 행복하며, 강렬할 수 있다고 노래했습니다. 무작위로 빅토르 위고의 시를 골랐습니다. 수십 년 전 가수 조르주 브라상스는 빅토르 위고의 시를 노래로 만들었습니다. 그중 한 대목을 읽어보겠습니다.

온통 빛으로 가득했던 어느 여름날,
삶과 달콤함,
그녀는 강가로 놀러 가버린 참이었네.
언니와 함께,

나는 그녀가 데려온 여인의 발을 보네

무릎을 보네.

저 멀리 산 넘어 불어온 바람이 나를

미치게 하네.[9]

유한에 바쳐진 아름다운 열정이 여기 있습니다. 여러분은 여기서 여름, 빛, 젊은 여인, 바람이라는 유한한 세계의 아름다움을 누립니다.

한편 우리는 무한의 위대함에도 관심을 보일 수 있는데, 이는 모순이 아니고 철학자들의 예를 따라가 볼 수도 있습니다. 유한한 세계의 아름다움을 노래한 가수나 시인에게 귀를 기울일 수 있는 것처럼, 무한으로 안내하는 길목에서 철학자들의 의견도 들어볼 수 있습니다. 철학자들은 뭐라고 말할까요? 인간 존재가 죽음보다 더 강하다는 것은 생각이라는 일종의 작업에 의한 겁니다. 우리가 죽음보다 더 강해질 수 있는 것은, 삶에서 벌어지는 축제에서 그런 것이 아니라, 무한 그 자체를 생각으로 지배하면서입니다. 독일의 위대한 철학자 칸트는 기하학을 처음 선보인 사람이 영감을 받았으며, 그 사람 덕분에

---

9) 빅토르 위고의 시 「기타 Guitare」의 일부.

"과학의 확실한 길이 열리게 됐고 모든 시간대에서 그리고 무한한 거리에서 자취를 남기게 됐다."라고 말합니다. 기하학을 발명한 사람은 무한한 거리에 있었던 무언가를 열어 보였습니다. 그는 불쌍한 우리 유한한 존재가 무한을 향해 나아가게 해줬습니다. 또 다른 위대한 철학자 스피노자는 이렇게 썼습니다. "수학이 인간에게 진리의 진정한 규칙들을 보여주지 않았더라면, 진리는 인류에게 영원히 숨겨진 상태로 남아 있을 것이다." 스피노자는 인간이 수학 덕분에 자신의 한계를 벗어났다고 설명합니다. 위대한 것을 알지 못하도록 운명지어졌던 인간은 수학 덕분에 진리를 위한 규칙 하나를 발견했습니다.

지금까지 이야기한 것을 이제 마무리하겠습니다. 시인과 음악가에게 귀를 기울이고, 바람, 바다, 놀이, 웃음, 축제, 춤 등과 함께 우리의 유한성이 갖는 매력 속에서 살아야겠지만, 이따금 철학자나 수학자에게도 귀를 기울이고 무한에 다다르기 위해 자기 생각을 활처럼 팽팽하게 당기기도 해야 합니다. 왜냐하면 과녁을 맞히듯 우리는 생각에 의해, 칸토어가 정확하게 "오메가, 무한 집합, 무한한 숫자가 존재한다."라고 말한, 바로 이 무한에 다다를 수 있기 때문입니다. 저는 유한의 기쁨과 무한의 힘, 이 둘을 우리가 갖추고 있으면 행복에 도달할 수 있

다고 생각합니다. 언제나 행복은 유한하면서도 또한 무한한

무엇입니다.

질문과 답변

빅뱅은 어떻게 탄생했나요?

여러분은 빅뱅이 무엇인지 알고 있습니까?

우주를 창조한 것이 빅뱅인가요?

그렇습니다. 빅뱅은 우주의 시작입니다. 빅뱅은 무한을 시작하는 0, 혹은 무한을 시작하는 1과 같습니다. 빅뱅은 우주가 그 자체로 축소되고 아주 많이 압축돼서 거의 하나의 점이 되다시피 모여 결국 폭발한 순간입니다. 폭발은 점점 확장됩니다. 우리가 사는 우주는 빅뱅에서 시작된 이 팽창의 어느 한순간입니다. 빅뱅은 0이 폭발해서 연속적으로 숫자들을 만들어내는 것과 어느 정도 비슷합니다.

수학 없이 우리는 아무것도 아닌가요?

설마 그럴 리가요. 우선 우리는 항상 '무엇'이라고 말하겠습니다. 따라서 수학이 없다 해도 우리가 아무것도 아닌 것은 아닙니다. 그러나 수천 년 전, 인간이 수학을, 예를 들어, 숫자를 발명한 이래로 인간은 무한에 관해 사뭇 다른 생각을 품게 됐습니다. 그 이전에도 인간은 물론 아무것도 아닌 것은 아니었습니다. 인간은 이미 온갖 종류의 발명품들을 소유하고 있었습니다. 인간은 그림과 도구를 발명했습니다. 인간은 매우 활동적이고 독창적이었습니다. 숫자와 수학과 더불어서 인간이 한 단계에 올라선 것은 분명하지만, 인간이 '아무것'도 아닌 적은 결코 없었습니다.

무한을 상상하는 게 어려운 이유는 우리가 유한한 존재이기 때문인가요?

아주 좋은 질문입니다. 앞서 여러분에게 말씀드렸듯이, 우리가 유한한 존재이기에, 우리는 무한에 관한 물음들을 자주 생각하고 탐구하며 논의했어야 했습니다. 바로 이 유한이라는 한계에 구속돼 있으므로 이 한계를 넘을 수 있는지 알아보려고 우리는 수없이 논의를 전개했습니다. 앞서 저는 여러분에게 늘 지속하는 '잠재적 무한'이 있고, 진정으로 무한한 무언가가 있는 '실재적 무한'이 있다고 설명했습니다. 매우 오랫동안, 심지어 수학자들이나 철학자들조차도 오로지 '잠재적 무한'만이 존재한다고 생각했습니다. 늘 지속한다는 사실을 상상하는 게 숫자 덕분에 전적으로 가능한 일이 됐으나, '실재적 무한'에 관해 말하자면, 이 무한은 인간의 영역 안에 있지 않았습니다. 오랫동안 인간은 '실재적 무한'이 오로지 신의 손이 닿는 곳에만 존재한다고 생각했습니다. 칸토어가 무한한 숫자들이 존재한다고 말했을 때 그의 말은 아주 커다란 반향을 불러일으켰고, 자신이 발명한 이 무한에 대해 칸토어 자신조차 두려움을 느꼈습니다. 심지어 그는 자신이 그런 말을 할 권리가 있는지 교황에게 편지를 보내 묻기도 했습니다. 편지를 받은 교황은 다른 교황들이 그렇게 해왔듯이 다소간 신중하게 답장을 썼습니다. 어쩌면 그럴 수 있지만 조금 더 꼼꼼하게 살펴봐야 할 필요가 있다고, 교황은 대답했습니다. 한편으로 저는 유한한 존재인 우리에게 무한에 관한 질문이야말로 진정한 질문이라는 점을 여러분에게 말씀드리고 싶습니다. 인간이 '잠재적 무한', 즉 항상 지속하는 것에 만족해하고 있는 동안에 우리는 오랫동안 실재적 무한을 신에게 유보해왔습니다.

선생님은 어떻게 연극에서 숫자라는 추상적인 개념을 사람과 비교하실 수 있나요?

아주 좋은 질문입니다. 이 질문은 연극에서는 모든 것을 할 수 있다는 사실을 보여줍니다. 물론 "0 하나가 무대 안으로 들어온다."라고 말하는 것은 시적이며 상상에 의한 무엇입니다. 연극에서는 완벽하게 누군가를 0이 되게 할 수 있습니다. 연극이 매력적이고 멋진 것은 바로 이런 점 덕분입니다. 현실에 존재하지 않더라도 연극에서는 0과 4의 검술 대결을 재현할 수도 있습니다. 0이나 4의 외양도 설정할 수 있고, 둘이 직접 검을 들고 결투를 벌이게 할 수도 있습니다. 그러면 사람들이 0과 4의 결투를 구경하겠죠. 연극이라는 마술은 이렇게 수학적인, 즉 추상적인 사안을 인간적인 사안으로 변형시키는 데도 쓰입니다. 연극은 모든 것에 개입할 수 있고 또한 모든 것을 변화시킬 수 있습니다. 우리가 연극 없이 지낼 수 없는 것은 이 때문입니다. 수학 없이 지내도 안 되겠지만, 연극 없이 지내도 곤란하겠죠.

인간은 무한해질 수 있나요?

이 질문에 대해서는 이렇게 대답할 수 있겠습니다. 인간에게는 무한에 관한 사유가 존재하는데, 그것은 인간이 아주 오래 전부터 무한을 생각해왔기 때문이라고 말입니다. 인간은 무한한 신이 존재한다고 생각했고, 인간은 무한한 어떤 수가 어쩌면 존재할 수 있다고 생각했고, '잠재적 무한'과 '실재적 무한'을 탐구했습니다. 인간은 무한을 생각합니다. 문제는, 무한을 생각한다고 해서 우리가 무한해질 수 있는지를 알아보는 데 있습니다. 몇몇 철학자는 우리가 무한을 생각하므로 무한과 실질적인 관계가 있고, 또한 바로 이런 이유로 우리 안의 어떤 것이 무한하다고 말합니다. 예를 들어, 데카르트는 유한한 존재인 우리가 내면에 무한에 대한 사유를 품고 있으므로 무한과의 소통이 반드시 존재한다고 말합니다. 그는 신이 우리의 정신에 무한에 대한 생각을 불어넣었다고 말합니다. 그렇게 할 수 있는 것은 오로지 신일 수밖에는 없는데, 유한한 존재인 우리가 어떻게 무한에 관한 사유를 품고 있을 수 있겠습니까? 우리가 신과 연결돼 있다고 생각할 수 있는 것은 우리가 무한을 생각하기 때문입니다.

무한해진다는 것, 그것은 이와 또 다른 것입니다. 오래전부터 종교에서 말해왔듯이 우리가 무한해진다면 그것은 우리의 생각이 우리의 몸과 분리될 수 있기 때문일 겁니다. 우리의 육체는 분명 유한하고, 명백한 한계를 갖고 있으며, 또한 사멸합니다. 우리의 생각은 무한을 사고할 수 있으므로 어쩌면 한계를 갖지 않을지도 모릅니다. 생각이 육체와 분리될 수 있다고 여러분이 믿는다면, 여러분은 우리가 무한하거나 영원한 존재가 될 수 있다고 생각할 수 있습니다. 바로 이것이 종교에서 가르치는 것입니다. 반대로 영혼이나 생각을 육체에서 분리하는 게 가능하지 않다고 여러분이 믿는다면, 우리는 그저 무한에 관한 생각을 갖고 있다는 정도에 머물게 될 것이며, 우리는 유한의 한계를 넘어서지만, 이 모든 것에도 불구하고, 우리의 개인적이고 개별적인 생각이 우리의 육체과 더불어 죽을 것이기 때문에, 결국 어떤 의미에서 우리는 유한하게 남겨집니다. 유한과 무한에 관한 문제는 제가 여기서 말하고 있는 것, 즉 현실적이고 잠재적인 무한이나 수학적 무한에서 우리가 벗어나는 순간, 결국에는 믿음에 관한 문제가 돼버리고 맙니다. 개인적인 존재의 문제가 제기되는 순간, 우리는 믿음의 문제를 말할 수밖에 없습니다.

시간은 유한한가요, 아니면 무한한가요?
여하간 우리가 겪는 시간의 경험에서는 숫자가 그렇듯이 하나의 순간이 지나면 언제나 또 다른 순간이 찾아온다는 의미에서 시간은 무한하다고 하겠습니다. 3이라는 숫자 다음에 4

가 오듯이 우리가 놓여 있는 지금 이 순간이 지나면 또 다른 순간이 오고, 그 이후도 마찬가지입니다. 물음은 이 모든 것이 실제로 무한한 어떤 전체 하나를 구성하는지를 알아보는 데 있습니다. 이 물음은 세계의 종말에 관한 것과 어쩌면 같은 물음입니다. 결국, 우리는 시간을 세계의 시간으로 이해하고, 오로지 이런 방법으로만 시간을 측정할 수밖에 없습니다. 시간 속에서 무엇인가가 발생하므로 우리는 시간을 측정하지만, 더는 아무런 일도 일어나지 않는다면, 즉 모든 것이 소멸한다면 시간에 대한 개념 역시 사라져버릴 겁니다. 따라서 시간의 무한성에 대한 물음은 숫자의 무한성에 대한 물음과 같습니다. 다시 말해 실재적 무한인가 아니면 잠재적 무한인가를 묻는다는 겁니다. 우리가 완료된 어떤 무한한 시간을 상상한다면, 그것은 우리가 진행되는 무언가가 끝나는 어느 순간에 있음을 의미합니다. 종교는 자주 세계의 종말이 존재한다고 선언하며, 이때 종말은 무언가가 시간 속에서 완료된다는 사실을 의미합니다. 지금으로서 시간은 잠재적 무한이라는 의미에서 무한하며, 시간은 지속되고 우리도 시간과 더불어 그러할 겁니다.

어떤 유명한 인물은 죽은 다음에도 이름이 몇 세기, 간혹 몇천 년이 지나도록 회자되기도 합니다. 그렇다면 우리의 이름과 우리의 생각이 영속할 수 있다면, 우리가 정말로 유한하다고는 말할 수 없는 건 아닐까요?

상당히 좋은 지적이며, 게다가 앞서 우리가 이야기했던 것과도 연관됩니다. 질문자는 유명한 인물을 말했지만, 사실 우리는 부모나 조부모처럼 유명하지 않았던 사람들도 기억합니다. 우리는 가족의 계보를 만들기도 하고, 조상을 알아보려고 시간을 거슬러 올라가기도 합니다. 우리가 시간 속에서 각자의 삶에 한계를 부여하지 않는 것에 관심을 둔다고 말한 것은 따라서 전적으로 옳습니다. 이와 마찬가지로 추억, 기억, 배움은 물론이고 2천 년 전에 쓰인 책을 아직도 읽습니다. 여기서 관건은 무엇일까요? 바로 생각입니다. 누군가 혹은 많은 이가 이러저러한 사람이 썼던 것, 그리고 했던 것을 여전히 생각하므로 그 사람은 어떤 방식으로든 계속해서 살아 있을 수 있습니다. 인간의 생각 속에서 삶은 지속한다고 말할 수 있겠지만, 여러분도 잘 알고 있듯이 삶이 육체를 가진 것은 아닙니다. 지속하는 것, 그것은 생각인데, 이는 생각이 무한이라는 개념을 소유하고 있기 때문입니다. 어떤 것은 지속성이 있는 기억을 통해 지속하지만, 육체와 연결된 개인적이고 개별적인 삶은 어떻게든 끝납니다.

오메가가 모든 숫자로 구성된다면, 그럼 오메가는 오메가로 구성돼 있습니까?

아주 뛰어난 질문입니다. 오메가는 오메가 바로 앞에 있는 모든 숫자로 구성돼 있다고 말할 필요가 있겠습니다. 그러나 어떤 숫자도 사실 마찬가지입니다. 숫자 4를 선택해봅시다. 이 숫자는 왜 4일까요? 그건 4라는 숫자에 0, 1, 2, 3이 있기 때문입니다. 그렇다면 4란 무엇인가요? 4 이전에 있는 모든 숫자입니다. 5는, 0, 1, 2, 3, 4로, 5 이전에 있는 모든 숫자입니다. 오메가는 마치 모든 사람과 같습니다. 오메가는 오메가 이전에 있는 모든 숫자, 즉 끝이 난 모든 숫자를 포함하는데, 그건 오메가의 정의가 바로 그렇기 때문입니다. 이 정의는 바뀌지 않습니다. 어떤 숫자는 항상 그 숫자 앞에 있는 모든 숫자입니다. 칸토어가 정확하게 파악했듯이 이런 점에서 오메가는 다른 숫자들과 마찬가지로 하나의 숫자입니다. 오메가는 앞선 모든 숫자의 집합입니다. 그러나 숫자는 스스로 구성될 수 없습니다. 어떤 숫자는 그 숫자 이전에 있는 무언가의 이름입니다. 그래서 오메가는 4 혹은 5와 같으며, 오메가는 이전에 있는 것을 다시 취합니다.

0이 무한의 시작이라고 말씀하셨는데, 그러나 음수 또한 존재합니다. 그런데도 0을 무한의 중심이라고 간주할 수 있을까요?

아주 박식한 질문입니다. 저는 단순하게 설명하려고 흔히 쓰이는 정수만을 빌려왔습니다. 세세한 부분이 더 복잡한 것은 당연합니다. 음수가 무엇인지 알려면 우선 양수가 무엇인지를 알아야 합니다. 음수는 반대 방향에서 양수와 대칭을 이룹니다. -1이 무엇인지 알려면 우선 1이 있어야 합니다. 양수는 자연스러운 숫자(즉, 자연수)이지만, 음수는 양수보다 그다지 자연스럽지 않습니다. 예를 들어, 음수의 제곱은 양수가 됩니다. 여러분은 모두 양수를 만드는 이 놀이를 잘 알고 있겠죠. 아주 어릴 때부터 우리는 자연수에 익숙합니다. 우리는 언제나 자연수에서부터 시작하고, 어쨌든 자연수는 진정한 시작을 구성합니다. 그러나 자연수에 이어 여러분이 조금 더 복잡한 구성을 만들어낸다면, 0과 1 사이에 이미 수많은 숫자가 존재한다는 사실을 드러낼 수도 있습니다. 바로 이 순간, 고등 정수론을 해야 하고, 분수와 무리수도 사용해야 합니다. 숫자의 세계는 이처럼 수많은 것으로 가득하며, 우리의 목표는 숫자의 종류를 죄다 공부하는 게 아니라, 유한과 무한에 관한 문제가 어떻게 나타나는지를 살펴보는 데 있습니다. 우리가 음수를 고찰한다면, 중심을 잡기는커녕 제대로 시작조차 하지 못할 겁니다. 여러분이 양수와 음수를 가지고 있다면, 0은 시작점이 아니라 중심점이기 때문입니다. 왜 그럴까요? 0은 양에도 음에도 치우치지 않은 유일한 숫자이기 때문이죠. 0은 중앙에 있고, 아주 특별한 숫자로 남게 될 것이며, 시작점에 딱 들어맞는 것이 아니라 오히려 중심점이 될 겁니다.

예술을 유한이나 무한처럼 간주해야 할까요?

몹시 어려운 질문입니다. 저는 물론 예술이 무한과 관련 있다고 생각하는데, 제가 보기에 생각으로부터 창조된 모든 것은 무한과 관련이 있기 때문입니다. 저는 숫자에 대한 생각이 무한의 문제를 잘 밝혀준다는 사실을 여러분에게 보여주려고 이미 이 문제를 단순화해서 설명한 바 있습니다. 하지만 잘 살펴보면, 인간의 한계를 넘어서는 모든 것은 무한과 관련 있음을 알게 됩니다.

조금 전에 제기된 문제를 여기서 다시 끄집어낼 수 있겠습니다. 사망한 지 2천 년이 지난 누군가를 우리가 여전히 이야기하고 있다면, 어떤 의미에서 볼 때 그 사람은 우리의 생각 속에서 계속해서 살아왔다고 말할 수 있습니다. 예술 작품도 마찬가지입니다. 남겨지거나 존속하는 것은 바로 창작품이며, 사람들이 죽음보다 더 강한 것으로 간주하는 것도 바로 창작품입니다. 앞에서 저는 수학이 죽음보다 더 강하다고 말했습니다만, 사실 이집트의 피라미드도 여기에 해당하고, 쇼베 동굴처럼 4만 년 전에 동굴 벽에 그려진 들소 벽화도 여기에 해당할 겁니다. 어떤 의미에서 4만 년이 그리 대단한 것은 아닐지도 모릅니다. 3억 년 전 지구에는 소수의 공룡이 살고 있었습니다. 인간의 삶은 대단한 것은 아닐 수도 있습니다. 그래도 4만 년은 우리가 살 수 있는 120년과 비교하면 아주 긴 시간입니다. 우리는 예술 작품이 무한에 대한 어떤 약속을 담고 있다고 말할 수 있습니다. 그러나 예술 작품 자체가 무한하다고 말하기에는 다소 어려움이 따릅니다. 왜냐하면 예술 작품도 존재하는 사물, 즉 시간이 지남에 따라 훼손되거나 간혹 사라지기도 하는 사물이기 때문입니다. 몇몇 그림이나 기념물은 소멸하지만, 예술 작품은 인간이 유한성보다 더 강력한 무언가를 만들어낼 능력이 있다는 사실을 보여줍니다.

신이 무한하며 신이 인간을 창조했다면, 신은 누가 창조했나요?

인간이 신으로부터 비롯됐다는 생각에 따를 때 신은 '엥크레에 incréé', 즉 '창조되지 않았'습니다. 여기서 우리는 출발점으로 되돌아옵니다. 즉 '창조되지 않은'을 뜻하는 형용사 'incréé'의 부정 접두사 'in' 말입니다. '창조되지 않은 것'(incréé)은 '창조되지'(créé) 않습니다. 신이 다른 신에 의해 창조됐다고 생각해보십시오. 그럴 때 이 다른 신 역시 또 다른 어떤 신에 의해 창조됐다고 생각해야 하고, 숫자와 마찬가지로 잠재적 무한에 이르게 됩니다. 그렇게 되면 우리는 그들이 왜 신인지 더는 알지 못하게 될 텐데, 이는 우리도 매한가지로 우리의 부모님에 의해 창조됐고, 우리의 부모님 또한 다른 사람들에 의해 창조됐기 때문입니다. 신이 창조되지 않았음을 인정하지 않은 상태에서 신이라는 개념을 도입하는 것은 별다른 의미가 없습니다. 신을 제외한 나머지 모든 것은 신에 의해 창조되지만, 신은 창조되지 않습니다. 바로 이것이 종교에서 강력하게 지지하는 주장이기도 합니다. 이 같은 사실을 받아들인다면, 이제 문제는 신이 무언가를 왜 창조했는지를 알아보는 데 있습니다. 여러분은 창조되지 않은 신이 존재한다고 말하고, 또한 신은 무한하다고 설명합니다. 그렇다면 신은 왜 이토록 이상한 세계를 창조하려고 애썼을까요? 철학자들이 그토록 심혈을 기울였던 문제가 여기 있으며, 제 생각에 이것은 진정한 창조의 문제이기도 합니다. 신이 무한하고 완벽하다면, 신은 자신 이외의 어떤 것도 필요하지 않기 때문입니다. 죽음과 고통이 존재하는 세계, 사라져버리는 것들로 가득한 세계, 신성(神性)과는 거리가 먼, 매우 이상한 세계를 신은 왜 창조했을까요? 어쨌든 신이 예술가처럼 재미를 느낀다고 말할 수도 있고, 자신과 닮지 않은 무언가를 창조했다고도 말할 수도 있을 겁니다. 진짜 문제는 바로 이겁니다. 이와 반대로 다른 것에 의한 신의 창조라는 생각은 피해야 합니다. 왜냐하면 이럴 때 신은 신이 아니기 때문입니다. 신은 창조되지 않았기에 신입니다.

왜 삶은 죽음이라고 부르지 않나요? 죽는다는 것이 삶의 한 부분이기 때문인가요?

그렇습니다. 어떤 의미에서는 사실입니다. 하지만 또 다른 의미에서 볼 때 죽는다는 것은 삶이 유한하다는 사실을 잘 보여줍니다. 죽음은 삶에 속하는데, 이는 죽음이 삶의 유한성이기 때문입니다. 죽음이 삶에 속한다고 말하는 것이 더 정확할 것 같습니다. 독일의 위대한 철학가 헤겔은 다음과 같이 말합니다. "태어나는 것은 어느 것이나 죽게 마련이다."[10] 여기서 헤겔은 우리가 삶 속에서 태어났기에 마찬가지로 죽음 속에서 태어난다는 것을 말하려고 했을 겁니다. 우리는 나타났기에 사라져야만 합니다. 이런 의미에서 죽음은 삶에 속합니다. 그러나 삶이 죽음에 속하는 것도 막을 수 없습니다. 왜냐하면 삶은 유한하기 때문이죠. 이것이 바로 삶의 유한성인 삶의 부분입니다.

신은 왜 유한하게 인간들을 기획했을까요?

가설이 많은 친구로군요! 신이 인간을 창조했고, 따라서 어떤 신이 존재하며, 신은 인간이 유한하도록 기획했느냐고 물었습니다. 조금 전과 같은 물음으로 되돌아옵니다. 창조되지 않은 신이 우주를 창조했다고 생각하는 순간부터, 신이 왜 그렇게

---

10) 괴테의 『파우스트』에서 등장하는 메피스토펠레스의 대사이다.
"저는 뭐든 늘 부정하는 정신이죠!
제 말이 맞아요. 태어나는 것은
어느 것이나 죽게 마련이니까요.
그러니 태어나지 않는 게 더 좋죠.
당신들이 죄악이니 파괴라고 일컫는 것,
한마디로 악이라 부르는 그 모든 것,
그것이 바로 내 본질이죠."
(요한 볼프강 폰 괴테, 『파우스트 1』(김재혁 옮김), 2012, 펭귄 클래식, 73쪽.)

했는지를 알아보는 것이 문제가 됩니다. 신은 왜 인간들을 무한하게 만들지 않고 유한하게 만들었는지, 신은 왜 포악한 동물, 범죄, 에이즈, 전쟁, 티푸스균이 존재하는 세계를 만들었는지 의문을 품을 수 있습니다. 우리는 수많은 방식으로 질문을 제기할 수 있습니다. 여러분은 신이 왜 인간을 유한하게 만들었는지 의문을 제기합니다. 감히 제가 대답하자면, 그 질문은 신에게 해야 합니다.

어찌 됐건 이 문제에 관해 철학자들이 말했던 것을 언급할 필요가 있겠습니다. 모든 질문을 공정하게 다뤄야겠죠. 우주를 창조했던 신의 존재를 믿는 철학자들은, 창조된다는 단순한 사실이 유한성으로 이어진다고 말합니다. 창조되지 않은 것은 완벽하게 무한합니다. 여러분이 창조됐다면, 여러분에게는 시작점이 있고, 시작점이 있다면, 여러분에게는 분명히 종착점이 있습니다. 왜냐하면 시작한다는 것은 무한하지 않다는 것을 말하기 때문입니다. 무한한 것은 절대 시작하지도, 끝나지도 않습니다. 시작과 끝은 연결돼 있습니다. 신이 인간을 창조한 것은 신이 인간을 창조해왔기 때문이며, 신은 인간을 유한하게 창조할 수밖에 없었습니다. 왜냐하면 인간을 시작하도록 만들어야만 했기 때문입니다. 이제 우리는 무언가를 창조하면서 한편으로 자신이 유한한 것만을 창조할 수밖에 없다는 사실을 알면서도 왜 신은 이 무언가를 창조했는지를 묻는 의문과 다시 만나게 됩니다. 유한한 것을 창조하면서 신은 대체 어떤 즐거움을 찾아냈던 걸까요? 예를 들어, 세상은 신이 보기 위해 만든 이미지로 가득한 신의 영화관일 수 있다는 사실에서 우리는 즐거움을 찾습니다. 그 사실을 모른 채 우리는 이 신의 영화에서 배우 말고는 누구도 될 수 없을 겁니다. 게다가 신은 이 영화가 시시하다고 말하겠죠.

말씀하셨듯이 신이 완벽하다면 어떻게 불완전한 것을 창조할 수 있었을까요? 우리는 불완전하니까 말입니다.

얼마 전부터 여러분은 모두 같은 질문을 하고 있습니다. 정확히 말해 하나같이 어려운 질문을 하고 있습니다. '만약 신이 완벽하다면, 신은 왜 불완전한 무언가를 창조하는가'라는 질문이 바로 그것입니다. 이 질문에 대답하기는 매우 어렵습니다. 그래서 저는 신이 없다고 생각하는 게 더 간단할 거라고 말합니다. 그게 더 간단합니다. 간혹 우리는 무언가를 이야기할 때 신을 근거로 제시하면 간단하게 대답할 수 있다고 믿습니다. 예를 들어 '왜 세계가 존재하는가?'라는 물음에 '신이 세계를 창조했기 때문이다'라고 대답하는 것처럼 말입니다. 이런 대답은 겉으로 보기에만 간단할 뿐 결국 복잡한 문제들을 끌어들입니다. 왜냐하면 이런 신은 창조되지 않아야 하고, 완벽해야 하고, 무한해야 하기 때문입니다. 그런데 왜 신은 무언가 창조하기를 좋아할까요? 사실 우리는 이 질문에는 대답하지 않았습니다. 이 질문에 대답했다고 믿고 있을 뿐 대답하지 않았습니다. 이런 가설을 세우지 않고 우주가 신에 의해 창조되지 않았다고 말한다면, 물음은 더 거친 방식으로, 하지만 확실히 더 단순하고 진실한 방식으로 제기될 겁니다. 이것이 매우 복잡한 문제라는 점을 여러분에게 분명히 말씀드리겠습니다.

인간이 유한하다고 말씀하셨습니다. 그러나 인간에게는 자신의 일부를 이어받은 후손이 있습니다. 그렇다면 후손은 무한하다고 말할 수 있지 않을까요?

그렇습니다. 하지만 이것은 알다시피 연속이라는 의미에서의 무한, 즉 잠재적 무한입니다. 다시 숫자를 예로 들겠습니다. 4 안에는 0, 1, 2 그리고 3이 있습니다. 어떤 의미에서 이전에 온 것은 항상 이후에 오는 것 속에 있습니다. 일종의 무한성입니다. 그러나 이는 잠재적 무한성이며, 당도할 무엇 안에 항상 존재했던 것의 흔적과 함께 지속합니다. 아이들은 부모에게서 무언가를 물려받지만, 또한 그들은 부모에게 받은 것과는 또 다른 무엇을 갖고 있습니다. 아이들은 부모의 복제인간(클론) 이 아닙니다. 모든 사람이 모든 사람의 복제인간라면, 가족은 정말로 끔찍할 겁니다. 쌍둥이를 구별하는 데에도 어려움이 있듯이 심지어 자신을 알아볼 수 없게 될 수도 있습니다. 스무 살 복제인간이나 마흔 살 복제인간 같은 것이 존재하게 되겠 죠. 그러나 상황은 이렇지 않습니다. 우리는 잠재적 무한의 경 우에 속해 있습니다. 숫자의 연속처럼 혈통이 지속하는 한 복 제인간은 잠재적 무한과 어떤 관계를 유지하지만, 저는 이 잠 재적 무한을 구성하는 각각의 요소가 유한하다는 사실을 인정 합니다. 각각의 요소는 지속하지만, 이 각각 요소의 지속성은 또한 이 요소의 소멸을 말합니다.

시작은 언제 탄생합니까?
세계의 시작이요? 우주의 시작 말입니까? 어떤 시작을 말하는 거죠? 그냥 시작이요? 시작이 '어떻게' 태어났는지를 묻는다 면, 그것은 시작이 아닙니다. 시작은 '무엇인가로부터' 태어나 기 때문입니다. 시작이라는 생각에 사로잡혀 어떤 설명을 요구하게 될 때, 이 생각 속에 정확히 있을 수 없다는 사실을 항상 생각해야 합니다. 왜냐하면 시작에 대한 설명을 요구하면, 시작은 시작하지 않고, 그 이전에 무언가가 있었다고 생각해야 하기 때문입니다. 절대적인 시작, 진정한 시작이 존재한다면, 음, 그것은 시작할 겁니다. 그리고 이게 바로 이 절대적이고 진정한 시작에 대해 우리가 말할 수 있는 전부입니다. 그것이 어떻게 시작됐는지 설명할 수 있다면, 물음이라는 의미에서, 다시 말해 시작은 오로지 나머지와는 다르게 시작할 것이라는 의미에서, 그것은 더는 시작이 아닙니다.

태양은 무한한가요, 유한한가요?

태양은 항성입니다.[11] 하늘의 작은 점 하나도 태양과 마찬가지입니다. 그렇게 수백만의 수백만 개 태양이 존재합니다. 간단히 말해서 우리가 아는 태양은 우리와 가장 가까이 있는 태양이고, 가장 가까이 있어서 더 크게 보일 뿐입니다. 별이나 행성이 그렇듯이 태양도 유한합니다. 태양은 커다란 공이고, 초고속으로 수소를 헬륨으로 바꿔버리는 원자력 발전소입니다. 태

---

11) 항성(恒星)은 태양처럼 스스로 빛을 내는 천체이며, 행성(行星)은 항성을 도는 천체이다. 빛을 관측할 수 있는 천체 가운데 성운처럼 퍼지는 모양을 가진 천체를 제외한 모든 천체를 별이라 한다.

양이 우리를 따뜻하게 해주는 것도 바로 이 때문이고, 이런 점에서 우리는 이제 태양이 유한하다는 사실도 알고 있습니다. 고대인들은 태양을 별이라고 생각하지 않았습니다. 대상을 관찰할 수 있는 거대 망원경이 당시에는 존재하지 않았기 때문이죠. 그들은 태양이 어쩌면 신일 수 있다고도 생각했는데, 고대인들 우리와 마찬가지로 사물에 대해 '생각'하려고 시도했기 때문입니다. 그들이 태양이 신이라고 생각했을 때 그렇게 생각한 그들만의 이유가 있었습니다. 고대인들은 태양이 유일하고, 태양과 유사한 것은 존재하지 않는다고 생각한 겁니다. 그러나 우리는 이미 오래전부터 태양이 다른 별과 별반 다르지 않고, 더구나 수억 개 태양이 존재하며, 그래서 태양은 신일 수는 없다는 사실을 알고 있습니다.

오메가가 4나 5와 같고, 또한 모든 숫자를 포함한다면, 오메가는 마지막 숫자인가요?

그렇지 않습니다. 이전에 존재하는 모든 숫자를 포함하는 오메가를 한번 가졌다면, 오메가 더하기 1을 완벽하게 만들어낼 수 있기 때문입니다. 그렇게 다시 시작할 수 있습니다. 0에서부터 시작하는 대신, 이번에는 무한 속에서 계산하면서 0에 대해 했던 것을 오메가에 대해 하게 됩니다. 오메가 더하기 1, 오메가 더하기 2, 오메가 더하기 3을 가지게 된다는 겁니다. 오메가는 마지막 숫자가 되지 않고, 오메가에는 마지막 숫자가 있을 수 없는데, 그것은 어떤 수를 한번 취하고 나면, 이어서 그 숫자에 다른 숫자를 또다시 추가할 수 있기 때문입니다. 칸토어는 무한한 숫자들이 존재한다는 사실뿐 아니라, 무한한 숫자들의 무한성도 보여줬습니다. 그의 발견은 정말로 현기증이 날 지경입니다. 그는 무한한 숫자들의 세계 전체를 열었습니다. 우리는 무한이 존재한다는 것, 그리고 적어도 유한한 숫자들만큼이나 무한한 숫자들이 존재한다는 것을 알게 됐으며, 만약 예외적인 것이 유한이 아니라면, 이와 반대로 무한은, 죽게 마련인 우리의 불쌍한 삶을 제외하고는 완전히 평범하게 되리라고 이따금 스스로 물어봐야 할 지경에 이르렀습니다. 하지만 숫자 분야에서는 상이한 무한의 무한성이 존재합니다.

무한은 어디에 쓸모가 있죠?
흥미로운 질문입니다. 저는 이 질문에 부분적으로 대답했다고 생각합니다. 무한은 인간이 죽게 마련인 짧은 삶에 속박되지 않도록 하는 데 쓸모가 있습니다. 인간은 예술, 수학, 창작, 또는 사랑을 통해 그 자체로 무한한 가치가 있는 것을 할 수 있습니다. 이런 사실은 여러 측면에서 우리와 가깝지만, 무한에 관한 표현, 사유, 계산하지 않는 동물로부터 인간을 구분합니다. 우리는 무한할 수 있습니다. 저는 우리가 항상 무한 속에 있다고 말하지 않습니다. 우리는 드물게 무한 속에 있습니다. 우리는 유한한 세계의 매력을 영위하지만, 생각 속에서, 창작 속에서 무한할 수 있습니다. 우리가 무한할 수 없다면, 어쨌든 세계는 더 서글퍼지고 덜 흥미로워질 겁니다.

인류가 사라졌을 때 신은 무엇을 하나요?
여러분은 제가 신의 삶에 관해 계속 이야기하기를 바라는 것 같습니다. 그러나 저는 신의 삶을 알지 못합니다. 저는 신의 삶이라는 게 존재하지 않는다고 생각하므로 고작해야 그것을 상상할 뿐입니다. 그러니까 여러분은 지금 제게 소설을 써서 여러분에게 어떤 이야기를 들려 달라고 요청하신 겁니다. 만약 신이 존재한다면, 인류가 사라졌을 때 신은 무엇을 할까요? 저는 실재적 무한이라는 형태가 존재한다고 생각할 수 없는 것만큼이나 짐작조차 하지 못하겠습니다. 종교는 세계의 종말이 오고, 최후의 심판이 있을 거라고 말합니다. 따라서 인류가 멸

망할 때 신이 우리를 심판할 거라고 대답할 수도 있을 겁니다. 한편 그것은 매우 어려운 작업이 될 텐데, 왜냐하면 신이 한 명 한 명 수십억 명을 심판해야 할 것이기 때문입니다. 이런 심판 이야말로 잠재적 무한에 속하는 것 아닐까요.

어떤 사람에게는 무한이라는 개념이 왜 그토록 염려스러운 것일까요? 이 질문에 대해서는 이미 대답했다고 생각합니다. 무한에 관한 질문은 죽음과 관계있고, 또한 삶에서 죽음에 도전하는 무언가를 할 수 있다는 사실과 관계있습니다. 앞선 질문에서 이미 언급했듯이 우리가 할 수 있는, 무한한 가치가 있는 것은 남겨지고, 전달되며, 다른 이들이 이어받을 테니까요. 어떤 의미에서 볼 때 거기에는 죽음보다 더 강력한 어떤 것이 존재합니다. 가장 비극적인 상황에서 무한은 우리 자신을 희생시킬 수 있는지 그럴 수 없는지를 우리에게 묻는다는 사실을, 여러분은 알고 있습니다. 결국, 무언가를 위해 우리가 자신의 삶을 희생할 때 그것은 반드시 어떤 면에서 우리가 무한하다고 여기는 무언가를 위해 그렇게 하기 때문입니다. 정의의 실현이나 국가의 안녕을 위한 희생, 자신의 신념을 포기하지 않겠다는 결정 등에는 무언가 무한한 것이 존재합니다. 또한, 이 모든 것이 다소 끔찍하다는 사실에 주목하게 됩니다. 왜냐하면 그것이 우리가 진정으로, 자발적으로 바랐던 것은 아니기 때문이죠. 꼼짝없이 붙잡힐 수도 있고, 그렇게 하겠노라고 선택할 수도 있지만, 어쨌거나 이것은 평범한 삶이 주는 매력이라고 말하기는 어렵습니다. 사실 모든 사람이 유한 속에서 살아갑니다. 이것이 바로 삶이고, 제가 여러분에게 읽어드렸던 빅토르 위고의 시이며, 사랑이고, 노동이며, 우리가 일상으로 하는 것이기도 합니다. 평범한 삶은 유한 속에 있습니다. 무한과의 만남은 걱정스럽고, 끔찍하고, 고통스러울 수 있으며, 숱한 노력과 엄청난 긴장을 요구할 수도 있습니다. 무한 앞에서 우리가 물러나는 것은 그다지 놀라운 일이 아닙니다. 또한, 이렇게 알려진 무한 앞에서 물러나는 경향이 있는 것도 사실입니다. 파스칼은 이렇게 말합니다. "이 무한한 공간들이 자아내는 침묵이 나를 두렵게 한다." 무한에 두려움과 불안이 있는 것은, 어쨌든 무한이 우리 평범한 존재 너머에 있기 때문입니다. 이와 동시에 무한은 무언가 대한 대가 혹은 보상입니다. 평범한 삶 속에 정착하는 데 동의하며 한편으로 자신의 삶에서 적어도 한 번은 무한을 만나기를 바라면서(물론 공포에 떨면서), 우리는 항상 이 둘 사이의 균형 속에 있습니다.

무한은 종교적(신은 무한하다), 수학적(무한한 산술이 존재한다), 물질적(우주는 무한한가?)일 수 있는 개념이고, 물론 철학적인 생각일 수 있는 개념이다. 아주 오래전부터 이에 대한 논쟁은 다음과 같다 : 인간은 죽기 때문에 인간은 유한하다. 유한한 존재가 어떻게 무한한 것을 이해할 수 있는가?

무한의 세계, 그 빛과 어둠 속으로

함기석
———

시인. 1966년 충청북도 청주에서 태어나 한양대학교 수학과를 졸업했다. 1992년 『작가세계』를 통해 등단했다. 시집 『국어선생은 달팽이』 『착란의 돌』 『뿔랑공원』 『오렌지 기하학』 『힐베르트 고양이 제로』 『디자인하우스 센텐스』, 청소년시집 『수능 예언 문제집』, 동시집 『숫자벌레』 『아무래도 수상해』, 동화집 『상상력학교』 『야호 수학이 좋아졌다』 『코도둑 비밀탐험대』 『황금비 수학동화』, 시론집 『고독한 대화』, 비평집 『21세기 한국시의 지형도』 등을 출간했다. 이상시문학상, 눈높이 아동문학상, 박인환문학상, 애지문학상, 이형기문학상을 수상했다.

유한과 무한의 관계

　도대체 무한이란 무엇일까? 무한(無限 infinite)은 유한(有限 finite)의 상대 개념이다. 유한한 것은 측량될 수 있고 수치로 환산 가능하다. 수치로 환산 가능하다는 건 서로 다른 유한한 물체끼리 크기를 비교할 수 있다는 의미다. 유한한 것의 중요 특징 중 하나가 유한한 자기 자신보다 더 작은 부분들을 갖는다는 점이다. 유한을 설명하기 위해 알랭 바디우가 예로 든 것은 병과 병마개다. 병마개가 병의 일부인 것처럼 유한의 세계에서 부분은 항상 전체에 속한다. 그러나 무한의 세계에서는 이런 유한 세계의 절대적 진리가 전복되기도 한다. 유한의 또 한 가지 중요 특징은 유한한 것은 크기가 어떻든 자신보다 큰 공간 내에 위치시킬 수 있다는 점이다. 아무리 크더라도 유한한 것은 끝이 있기 때문이다. 인간의 육체도 크기, 부피, 무게 등이 유한하다. 콜라병이나 맥주병처럼 특정 공간 내에 위치시킬 수 있다.

　지금 나는 청주 성화동의 한 카페 창가에 앉아 이 글을 쓰고 있다. 열 개의 손가락으로 따다닥 자판을 두드려가면서 이 글을 써나가고 있다. 이 순간에도 손가락들은 내 몸에 속해 있고 내

몸은 카페에 속해 있다. 카페는 성화동에 속해 있고 성화동은 청주에 속해 있고 청주는 한국에 속해 있다. 그리고 한국은 지구에 속해 있고 지구는 태양계에 속해 있고 태양계는 우주에 속해 있다. 지금 내 눈에 보이는 창밖의 사물들도 마찬가지다. 가로등, 자동차, 오토바이, 은행나무, 빨래방, 머리방, 낙엽, 휴지통 등등 모두 유한한 물체들로 특정 공간 내에 위치해 있다. 이처럼 유한의 세계에서는 크기 비교와 위치 설정이 가능하다. 특정 시간과 공간에 속해 있고 개수, 크기, 무게, 부피, 위치 등을 숫자로 측정할 수 있다. 그러나 만약 이런 분류와 측정을 우주 끝까지 계속 확장하면 어떻게 될까? 우주 자체가 유한한지 알 수 없기에 어떤 한계에 봉착하게 될 것이다. 여기서 자연스럽게 생겨나는 것이 무한이다. 무한에 대한 상상과 질문들이다.

과연 무한이란 무엇일까? 무한의 세계에서는 어떤 놀라운 일들이 벌어질까? 무한(無限)은 '한계가 없다', '끝이 없다'는 뜻이다. 개수, 넓이, 높이, 질량, 부피, 시간, 공간 등이 끝없이 계속되는 상태를 말한다. 수학에서는 집합의 원소 개수를 다 헤아릴 수 없는 상태, 어마어마하게 큰 어떤 자연수나 실수보다 큰 수를 가리킬 때 사용하는 용어다. 그러니까 무한 혹은 무한대를 특정한 수로 생각하면 곤란하다. 무한은 수가 아니다.

+∞를 양의 무한대, -∞를 음의 무한대라고 하며 +∞는 간단히 ∞라 표기한다. ∞는 꼭 0의 쌍둥이 같다. 두 개의 0이 샴쌍둥이처럼 꼭 붙어 있다. ∞는 영국 옥스퍼드대학의 수학자 존 월리스(1616~1703)가 처음 사용했다고 알려졌다.

무한의 특성이 있는 수에는 어떤 게 있을까? 대표적인 수가 원주율 π와 오일러 수 e다. 원주율 π는 원둘레 길이를 지름으로 나눈 값이다. 3.1415926535…. π는 무리수이며 소수점 아래로 수가 무한히 계속된다. e는 스위스 수학자 오일러(1707~1783)의 이름을 따서 '오일러의 수'라 부른다. 오일러의 수 또한 π처럼 무리수고 소수점 아래의 수가 계속해서 무한히 이어진다. 이런 무한의 특성이 있는 수에 대한 상상과 특성 연구는 먼 과거로부터 현재에 이르기까지 지속되고 있다. 잠시 무한의 역사와 무한 개념의 변천사에 대해 알아보자.

무한의 역사와 흐름

무한에 대한 관심과 논쟁은 고대부터 시작되었다. 고대 그리스 자연철학자들은 세계가 물, 불 공기, 흙 같은 유한한 물질로 이루어져 있다고 보았다. 탈레스는 만물의 근원을 물로 보았고 헤라클레이토스는 불이라고 주장했다. 아낙시만드로스는 무한자를 가정하고 그 무한자로부터 유한한 물질들이 생겨난다고 보았다. 수를 만물의 원리로 본 피타고라스학파도 만물은 유한하기에 수 또한 무한할 수 없다고 믿었다. 이런 유한적 세계관은 플라톤과 아리스토텔레스에게로 그대로 이어졌다. 아리스토텔레스는 자연수 전체는 가장 큰 수가 존재하지 않고 잠재적으로만 짐작 가능하기에 자연수를 잠재적 무한으로 받아들였다. π 같은 무한소수가 있을 때 이 수를 하나의 수로 보지 않고 어떠한 값에 가까워지는 과정으로만 이해했다. 이들은 무한을 독립된 개념이 아니라 유한자의 끊임없는 운동을 통해 드러나는 조건적 개념으로 받아들였던 것이다. 이들에게 무한은 '충분히 큰 것보다 더 큰 무엇' 또는 '끝나지 않고 계속해서 커지는 상태' 정도로 막연한 것이었다. BC 5세기경 제논이 문제를 제기한 후 무한은 골칫거리가 되었고 줄곧 논쟁과 비판의 대상이었다. 제논의 역설 중 가장 유명한 아킬레스와 거북이의 경주에서 아킬레스가 거북이를 영원히 따라잡을 수 없는 것은 0과 무한의 부재, 극한에 대한 인식 부재 때문이었다.

많은 시간이 흘러 중세로 접어들면서도 무한은 수학의 대상으로 본격 논의되지 못하고 일부 신학자나 철학자의 전유물이 되었다. 스콜라 철학의 신학 이론에서도 무한은 중요한 역할을 했다. 신을 무한자로 인간을 유한자로 위치시켜 신의 권위와 능력을 인간의 한계와 대비시키기 위함이었다. 이러한 종교적 무한은 코페르니쿠스, 갈릴레오, 스피노자, 데카르트 같은 수학자와 과학자의 등장으로 점차 자연과학의 물질 개념으로 변형되기 시작했다. 16세기까지 정설로 받아들여졌던 천동설을 부정한 코페르니쿠스(1473~1543)가 등장하면서 기존의 시각에 균열이 생겼다. 그는 태양이 우주의 중심이고 지구가 태양 주위를 공전한다는 지동설을 주장하여 기존의 세계관을 크게 뒤흔들어 놓았다. 유한과 무한에 대한 사고 전환을 촉발했던 것이다. 또한 르네상스 말기의 천문학자이자 물리학자였던 갈릴레오(1564~1642)도 중력과 운동에 관해 실험하고 연구하여 이전과는 다른 실험물리학을 창시했는데, 그는 코페르니쿠스의 지동설을 지지했다. 이것은 당시 신 중심 종교관과 우주관을 전면 부정하는 매우 위험한 생각이었다. 특히 그는 일대일대응이 되면 두 개의 무한 집단의 크기가 같다며 무한에 대한 관점 자체를 바꾸라고 했다. 이것 또한 고대부터 불

변의 진리처럼 내려오던 유클리드의 다섯 번째 공리,[1] 전체는 부분보다 크다는 사실을 부정하는 것이었다. 결국 갈릴레오는 교회로부터 이단이라는 심판을 받고 3년 동안 매주 한 번씩 자신의 무지와 죄를 고해하라고 명령받았다. 그렇게 갈릴레오의 주장은 어두운 해저로 가라앉았다. 그의 주장이 다시 수면으로 떠올라 빛을 보게 된 것은 시간이 좀 더 흐른 뒤 데데킨트와 칸토어 같은 수학자들에 의해서였다.

갈릴레오가 죽기 10년 전 수학자이자 철학자였던 스피노자(1632~1677)가 태어났다. 그는 물질적 실체는 공간과 시간 속에 무한하다고 보면서 수학의 중요성을 강조했다. "인간은 수학 덕분에 인간 자신의 한계를 벗어났다."라고 말하면서 자연과 우주의 진리 규칙들의 발견에 수학이 반드시 필요함을 강조했다. 반면에 데카르트(1596~1650)는 무한을 종교적으로 받아들여 신이 인간의 정신에 무한에 대한 생각을 심어놓았다

---

1) 정의(定義 definition)는 용어의 뜻을 간결하고 명확하게 정한 문장을 뜻한다. '크기는 없고 위치만 있는 도형'은 점의 정의고, '세 개의 변으로 둘러싸인 도형'은 삼각형의 정의다. 그리고 참인지 거짓인지 분명히 확인할 수 있는 문장을 명제(命題 proposition)라고 한다. '3은 홀수다'는 그 내용이 참인 명제고, '2 더하기 3은 6이다'는 거짓 명제다. 하지만 '새는 빠르다' '꽃은 아름답다' '당신은 예쁘다' 등은 참과 거짓을 구분할 수 없기에 명제가 아니다. 명제 중에서도 가장 기초가 되는 명제, 더는 증명할 수 없는 참인 명제를 공리(公理 axiom)라고 한다.

고 생각했다. 그는 무한을 신의 몫으로 남겨두자고 했다. 데카르트 이후 무한에 대한 주요 관심은 철학으로 옮겨가 철학자들의 사고 대상이 되었다. 관념론 입장에서 공간과 시간을 선험적 형식으로 받아들였던 칸트(1724~1804)에게 무한은 객관적 의미가 있는 것이 아니었다. 한편 헤겔(1770~1831)은 경험의 한계를 인정하면서도 경험의 무한한 확장을 지향했다. 그는 무한을 '악무한'이라 부르며 유한과 무한의 변증법적 통일을 강조했다. 유한자는 무한자를 자신 속에 포함하고 무한자는 유한자 속에서만 자신을 실현한다고 보았다. 유한과 무한을 상호보조적인 관계로 파악한 것이다. 무한과 관련하여 특히 흥미를 끄는 철학자는 마르크스(1818~1883)다. 그는 무한과 미분학에 남다른 관심을 보였는데 사회의 변화, 사상의 변화, 자본의 변화 등은 모두 운동[2]과 연관된다고 보았다. 운동의 본질을 설명하려면 반드시 무한을 언급해야 하기 때문이다.

---

2) 알랭 바디우가 공산주의 사상을 개진해갈 때 무엇보다 주목한 것이 '운동'이다. 존재는 결정된 것이 아니라 시간에 따라 변한다는 것, 이 변화의 과정이 운동이고 '진리'라고 보았다. 알랭 바디우에게 존재는 고정되거나 확정된 것이 아니라 우연과 무질서 속의 사건이고 이 사건이 구조화된 것이 '지식'이다. 알랭 바디우가 마르크스를 주목했던 이유는 마르크스의 사상 자체에도 있지만 마르크스가 자신의 철학사상을 펼쳐나가는 과정에서 보여준 분석적 태도와 방식이었다. 분석적 형식 전개와 논리적 증명은 마르크스가 그의 철학 테제들을 펼칠 때 빈번히 사용했던 방법이다.

당시 마르크스는 자연과학의 힘을 빌리지 않고는 사회 변화의 근본 원리를 설명할 수 없다고 굳게 믿었다. 세계의 근원을 물질로 보고 물질의 가장 큰 특징인 변화, 즉 운동성에 주목했던 것이다. 이 운동성을 세밀하게 설명하는 분야가 바로 미분학이고 미분학에서는 극한과 무한의 개념이 매우 중요하기 때문이다. 마르크스가 자연과학을 '지식의 기초'라고 말한 이유가 거기 있다. 자연과학에 대한 남다른 관심과 탐구가 없었다면 마르크스의 과학적 사회주의 사상, 유물론적 및 사적 변증법, 자본론 등은 태동하지 못했을지도 모른다.

이처럼 여러 세기에 걸쳐 무한은 줄곧 연구와 논쟁의 영역이었다. 하지만 여전히 무한은 미지의 세계, 접근 불가능한 영역으로 취급되었다. 무한히 커지는 상태를 상상하기는 쉽지만, 그것을 수학적으로 규명하기는 매우 어렵기 때문이다. 무한이 학문으로서 본격적으로 탐색된 것은 그리 오래되지 않았다, 19세기 중엽을 지나 20세기에 접어들면서 비로소 무한에 대한 학술적 접근과 탐구가 시작되었다. 이 시기부터 현실적으로 존재하지 않고 잠재적으로만 파악할 수 있는 피상적인 무한이 구체적으로 연구되기 시작했다. 우리가 일상생활에서 말하는 상식 속의 무한, 임시적이고 잠재적이고 가능한 상태로서의 무한을 흔히 '가(假)무한'이라 부른다. 아리스토텔레스가 살던 고대로부터 많은 시간이 흐른 17~18세기까지 대다수 수학자, 과학자, 철학자가 생각했던 무한 개념이 바로 가무한이다.

여기서 잠시 무한의 명칭을 정리해보자. 인간의 생각에는 두 종류의 무한 개념이 존재한다. 잠재적 무한과 실재적(현실적) 무한. 현대 수학자들은 흔히 전자를 가(假)무한, 후자를 실(實)무한이라 부른다. 미분학을 창시했던 뉴턴(1642~1727)과 라이프니츠(1646~1716)도 무한에 대해서는 가무한의 입장을 취했다. 이들이 미분학의 가장 기초가 되는 무한 개념에 대해 과거보다 발전적인 생각을 한 것은 사실이지만 좀 더 엄밀하게 상상하고 접근하진 않았다. 수학의 왕이라 불리던 가우스(1777~1855)조차도 무한을 단순한 표현방식으로만 받아들였다. 어떤 제약 없이 끝없이 증가하는 것 정도로 무한을 이해했다. 이들은 왜 무한을 잠재적 무한, 즉 가무한으로 받아들인 걸까? 실험을 통해 무한을 계산 측정하여 확인할 수 없기 때문이다. 또한 무한을 우리가 사는 시간과 공간에 적용하면 골치 아픈 문제들이 발생하기 때문이다. 그래서 무한은 종교의 영역, 믿음의 영역으로 다루어졌을 뿐 학문의 영역으로 끌려 들어와 적극적으로 상상되고 탐구되지 않았다.

종합해보면 가무한은 무한에 대해 인간의 소극적인 태도에서 나온 피상적인 개념에 가깝다. 이런 소극적인 자세를 버리고 무한을 좀 더 적극적으로 상상하고 체계적으로 탐구하여 확립한 개념이 실재적(현실적) 무한, 즉 실(實)무한이다. 실무한이 수학 세계에 본격적으로 도입되면서 수학의 영토는 크게 확장되었다. 수학자 데데킨트(1831~1916)는 무한의 세계에서 부분과 전체가 같을 수도 있다고 주장했다. 자연수 전체집합과 짝수 전체집합을 비교하여 두 집합 사이의 관계를 비교하고 전체와 부분의 관계를 다시 규명했다. 이는 기존의 유클리드 세계관을 뒤집는 대단히 전복적인 사고였다. 또한 수학자 칸토어(1845~1918)는 무한의 세계에서도 대소 관계가 존재함을 밝혔다. 그렇게 그는 무한집합끼리 서로 크기를 비교할 수 있게 체계화했다. 자연수 전체집합의 크기와 짝수 전체집합의 크기가 같고, 나아가 정수 전체집합의 크기와 유리수 전체집합의 크기도 자연수 전체집합의 크기와 같음을 증명했다. 그는 무한에 대한 이전의 소극적 태도를 버리고 매우 적극적으로 무한을 탐구하여 체계화했고 집합론(集合論 set theory)을 창시했다.

칸토어 이후 현대수학에서 다루는 무한의 주류는 실무한

이다. 그는 실무한 개념을 정착시키는 데 가장 큰 공헌을 한 수학자다. 그의 헌신 덕분에 불가능한 금기 영역으로 축출되었던 어둠 속 무한의 세계에 빛이 드리워졌다. 현대수학의 지평이 크게 넓어졌고 다양한 분야에 무한이 응용되기 시작했다. 이런 칸토어의 업적을 높게 평가하여 수학자 힐베르트(1862~1943)는 칸토어가 우리를 수학자의 낙원으로 인도했다고 극찬하기도 했다. 물론 칸토어를 공격하고 비판하는 수학자도 많았다. 무한에 대한 칸토어의 주장을 계기로 수학 세계는 크게 형식주의와 직관주의로 분할되어 각자 자기 의견과 이론을 펼쳐나갔다. 힐베르트와 러셀(1872~1970) 같은 형식주의자들은 칸토어의 의견에 동조하여 미비점을 수정 보완하려 했고, 크로네커와 푸앵카레(1854~1912)처럼 수학적 구성을 강조했던 직관주의자들은 칸토어를 극렬하게 비판했다. 이를 계기로 수학기초론에 대한 논의와 탐구가 본격화되었다.

　여기서 우리가 가슴에 새겨야 할 점은 칸토어가 보여준 불굴의 의지와 상상력이다. 극소수 몇 명을 제외하고는 당시 수학자 대부분이 무한에 대해 깊게 생각하지 않은 채 칸토어의 견해를 맹비난했다. 특히 자신의 지도교수였던 크로네커(1823~1891)의 혹독한 비난에 큰 충격과 상처를 받은 칸토어는 극심한 신경쇠약과 환청에 시달렸고 망상과 발작 증세를 일으켜 정신병원에 입원할 정도였다. 그래도 칸토어는 미친 듯이 연구에 매달려 무한의 세계를 자유롭게 상상했고 무한의 세계를 체계화했다. 무한에 대한 그의 끝없는 상상과 탐구, 미지에 대한 간절한 갈망, 불굴의 도전정신이 없었다면 인류의 수학과 과학은 현재보다 훨씬 초라했을 것이다. 그 정도로 집합론과 집합론이 다루는 무한의 세계는 현대수학의 핵심 주제 중 하나다. 현대수학은 집합에서 시작해 집합으로 흘러든다고 말해도 과언이 아니다. 칸토어가 "수학의 본질은 자유성에 있다"고 말한 이유를 우리는 마음 깊이 새겨볼 필요가 있다.

알랭 바디우의 철학사상을 떠받치는 주요 기둥 중 하나가 수학, 그중에서도 무한을 다루는 집합론이다. 집합론의 세계로 들어가기에 앞서 쉽고 재미있는 이야기를 하나 읽어보자. 무한의 기묘한 성질과 신비를 조금 맛보면 무한에 대한 관심이 높아질 수 있다. 필자가 예전에 쓴 수학동화 『크로노스 수학탐험대』에 수록한 내용을 바꾸어 재구성해보았다.

기묘한 무한호텔 이야기

조 교수와 난 유럽 여행 중이었다. 늦은 저녁 우린 꼭대기 층이 구름으로 들어가 보이지 않는 어느 호텔로 들어섰다. 1층 카운터에서 턱시도를 멋지게 차려입은 지배인이 반갑게 인사했다.

"어서 오세요. 저희 무한호텔에 오신 것을 진심으로 환영합니다. 저는 이 호텔의 지배인 힐베르트입니다."

나는 꾹 눌러 쓴 여행 모자를 벗으며 물었다.

"빈방 있어요? 오늘 밤 이 호텔에 머물고 싶은데요."

"아, 아쉽게도 빈방이 없습니다. 방금 모든 객실이 다 찼거든요."

조 교수가 실망한 표정으로 풀썩 의자에 주저앉았다. 숙소를 찾지 못할까 봐 나도 걱정이 되었다. 계속되는 여행으로 우린 몹시 지쳐 있는 상태여서 빨리 객실로 들어가 쉬고 싶었다. 우릴 빤히 바라보던 힐베르트가 다가왔다.

"하지만 걱정하지 마세요. 곧 방을 마련해 드리겠습니다. 잠시만 기다려 주세요."

그는 다시 카운터로 가더니 마이크로 안내방송을 했다.

"죄송합니다만, 현재 객실에 묵고 계신 손님들께서는 옆방으로 이동해 주시기 바랍니다."

방송이 끝나고 방송을 들은 손님들은 모두 차례차례 옆방으로 짐을 옮겼다. 1호실 사람은 2호실로, 2호실 사람은 3호실로, 3호실 사람은 4호실로... 한 사람도 불평 없이 머물고 있던 방 번호에 1을 더한 방으로 옮겼다. 그러자 1호실이 비었다.

힐베르트가 빙그레 웃으며 우릴 바라보았다.

"손님, 이제 빈방이 마련되었습니다. 1호실로 들어가시면 됩니다."

조금 전까지도 모든 방이 손님들로 꽉 차 있었는데 순식간에 빈방이 생기다니! 난 잠잘 곳이 생겨 기쁘면서도 어리둥절했다. 얼른 1호실 키를 받아서 복도로 갔다. 1호실이 있는 복도 끝으로 가는데 반쯤 문이 열린 방이 보였다. 누군가 탁자에 앉아 종이에 무언가를 적고 있었다. 조 교수가 뚝 걸음을 멈추었다.

"어, 저 사람 알랭 바디우야!"

그 말에 나도 걸음을 멈추었다. 가까이 다가가 방안을 들여다보았다. 정말이었다. 알랭 바디우가 갈색 탁자에 앉아서 무슨 글을 쓰고 있었다. 펜을 내려놓더니 종이 뭉치를 들고 일어났다. 사람들 앞에서 강연할 때처럼 중얼중얼 말하기 시작했다. 무슨 강연을 위해 쓴 원고를 미리 읽어보는 것 같았다. 잠시 후 그는 종이를 탁자에 내려놓고는 화장실로 들어갔다. 종이 겉장에 큰 글씨로 제

목이 적혀 있었다. *Le fini et l'infini*

나는 목을 길게 빼고 종이에 적힌 제목을 내려다보며 조 교수에게 물었다.

"저게 뭐야? 제목이 뭐야?"

"유한과 무한"

조 교수의 눈이 반짝거렸다. 잠시 생각에 잠기더니 내 귀에 대고 속삭였다.

"형, 언젠가 알랭 바디우의 저 강연 원고가 책으로 나오면 내가 꼭 번역할 거야!"

"정말이야? 그럼 난 형이 번역한 글에 해제를 붙일게."

우린 암묵적으로 약속이나 한 듯 고개를 끄덕이고는 다시 복도를 따라 걸었다. 1호실로 들어가 짐을 내려놓았다. 조 교수가 베란다 창문을 여는데 다시 안내방송이 나왔다.

"손님 여러분, 대단히 죄송합니다. 방금 두 명의 손님이 저희 무한호텔에 새로 도착했습니다. 지금 머물고 계신 객실 번호에 2를 더한 방으로 모두 옮겨주시면 고맙겠습니다."

안내방송이 끝나자 조 교수가 투덜거렸다.

"뭐야? 들어오자마자 3호실로 옮기라고?"

귀찮았지만 조금 전 모든 손님이 우리를 위해 방을 옮겨준 걸 생각해서 말없이 3호실로 갔다. 3호실로 들어서자마자 침대에 몸을 눕혔다. 천장에 무한대 기호 ∞가 커다랗게 그려져 있었다. 꼭 지쳐 쓰러진 눈사람 같았다. 잠시 눈을 감고 있는데 또 안내방송이 나왔다. 지배인 힐베르트 씨의 카랑카랑한 목소리가 울렸다.

"손님 여러분! 방금 네 명의 손님이 저희 무한호텔에 새로 왔습니다. 방에 계신 손님들께서는 현재 머물고 계신 방 번호에 4를 더한 방으로 모두 옮겨주시기 바랍니다."

"으, 이게 뭐야? 또 옮겨?"

조 교수는 입술을 삐죽거리며 투덜거렸다. 나도 조금씩 짜증이 나기 시작했다. 하지만 우린 3호실에서 7호실로 옮겼다. 짐을 풀어놓고 베란다로 나가 담배에 불을 붙였다. 담배 연기를 길게 내뿜으며 어두운 밤하늘을 바라보았다. 그때 방 천장 구석의 스피커에서 힐베르트의 목소리가 또 울렸다.

"손님 여러분, 방금 저희 호텔에 무한 명의 손님들이 새로 도착했습니다. 하지만 걱정하지 마십시오. 곧 무한 개의 빈방을 새로 만들어서 모두가 이 호텔에 머물 수 있도록 하겠습니다."

"도대체 어떻게 해결하겠다는 거야?"

조 교수의 투덜거림이 끝나기가 무섭게 안내방송이 이어졌다.

"손님 여러분, 죄송합니다만 현재 묵고 계신 객실 번호에 2를 곱한 객실로 옮겨주시기 바랍니다. 1호실 손님은 2호실로, 2호실 손님은 4호실로... n호실 손님은 2n호실로 모두 옮겨주세요!"

조 교수가 입술을 씰룩거리며 먼저 14호실로 갔다. 나도 짐을 챙겨 따라나섰다. 사람들이 모두 방을 옮기자 1, 3, 5, 7, 9....... 홀수 번호 방들이 모두 비었고 호텔을 찾은 무한 명의 손님들은 차례차례 홀수 번호 방으로 들어갔다. 방에 들어가지 못한 손님은 한 명도 없었다. 난 14호실 베란다로 나가 밤하늘을 올려다보았다. 별들이 반짝이는 캄캄한 허공을 바라보며 상상에 잠겼다. 수많은 별이 반짝이는 저 우주는 무한일까? 우주는 언제 시작된 걸까? 어떻게 시작된 걸까? 신은 정말로 있을까? 신이 정말로 우주를 창조했을까? 신이 인간을 창조했다면 신은 왜 인간을 유한자로 창조했을까? 인간은 왜 죽을까? 도대체 죽음은 뭘까? 시간은 뭘까? 시간은 어디서 와서 어디로 흘러가는 걸까? 나는 대답할 수 없는 질문의 미궁 속으로 점점 빠져들었다.

그때 뒤쪽에서 조 교수의 목소리가 들렸다.

"어, 이상해! 내 시계가 뒤로 가고 있어!"

"뭐?"

나는 얼른 내 시계를 쳐다보았다. 내 시계도 뒤로 가고 있었다. 이 호텔에 들어온 후 도무지 이해할 수 없는 이상한 일들이 계속해서 벌어지고 있었다. 방으로 다시 들어가며 조 교수에게 물었다.

"아까 복도 지나오다 본 알랭 바디우, 몇 년 생이지?"

"1937년."

"음. 아까 1층 카운터에서 만난 이 호텔 지배인 힐베르트는 1862년생이야. 어떻게 두 사람이 같은 공간에 있을 수 있지?"

"실은 나도 그게 이상했어. 아무리 생각해도 앞뒤가 맞지 않는단 말이야."

조 교수는 다시 시계를 들여다보았다.

"어 시간이 점점 빠르게 뒤로 가고 있어!"

나는 불길한 생각이 들었다. 어쩌면 우리가 이 무한호텔에서 들어온 순간부터 시간은 계속해서 뒤로 가고 있었던 건 아닐까. 우리가 몸으로 느끼는 것과 반대로 시간은 계속해서 거꾸로 흘러가고 있었던 게 아닐까.

"재룡 형, 여긴 시간이 거꾸로 흐르는 호텔인가 봐."

"그런 거 같아. 그럼 객실마다 시대와 나이가 다른 철학자나 예술가들이 있을지 몰라. 수천 년 전에 죽은 고대 철학자들, 가령 탈레스나 플라톤이나 피타고라스도 이 건물 어딘가에 있을 거 같아."

조 교수는 무척 흥분했다. 나도 마찬가지였다. 우리는 한동안 서로 말없이 바라보다가 침묵 속에서 고개를 끄덕였다. 우린 모험을 해보기로 마음먹고 복도로 나갔다. 놀랍게도 1878년이었다. 반듯했던 복도가 나선형으로 휘어져 있었다. 휘어짐은 멈추지 않고 완만하게 이어졌다. 조금 어지러웠지만 우린 벽을 짚고 나선형 계단을 따라 위층으로 올라갔다. 2층 복도 끝에 어떤 사람이 무언가에 골똘히 빠진 표정으로 서 있었다. 턱수염을 기른 초췌한 모습이었다. 우리가 다가가자 그는 고개를 돌려 우리를 보았다. 수학자 게오르그 칸토어였다.

무한을 탐구하는 수학, 집합론

집합론은 무한의 세계를 다루는 수학이다. 무한을 좀 더 자세히 이해하기 위해 현대수학의 출발지인 집합론의 세계로 들어가 보자. 집합이 무엇인가? 집합은 주어진 조건에 따라 그 대상을 분명히 밝힐 수 있는 원소들의 모임이다. '예쁜 여자들의 모임', '작은 곤충들의 모임'은 집합일까? 집합이 아니다. 그 대상을 분명히 밝힐 수 없기 때문이다. 그럼 '날개가 달린 동물들의 모임', '머리를 노랗게 염색한 남자들의 모임'은 집합일까?

집합이다. 그 대상을 분명히 밝힐 수 있으니까. 그럼 공집합[3]은 집합일까? 집합이다. 집합을 집에 비유한다면 공집합은 빈 집이다. 빈집도 집인 것처럼 공집합도 집합이다. 그럼 공집합에도 부분집합이 있을까? 공집합의 부분집합은 자기 자신이다. 집합에서 자신은 자신의 부분집합이라고 약속했기 때문이다. 공집합은 모든 집합의 부분집합이다.

사람들이 사는 집의 모양과 크기가 각기 다르듯이 집합의 모양과 크기도 다를 수 있다. 집의 크기가 정해져 있으면 유한의 집, 집의 크기가 정해져 있지 않고 무한하면 무한의 집이라 부를 수 있듯 집합도 마찬가지다. 집합의 크기가 정해져 있으면 유한집합, 집합의 크기가 정해져 있지 않고 무한이면 무한집합이라 부른다. 그럼 유한집합의 크기는 무엇으로 알 수 있을까? 유한집합의 크기는 그 집합의 원소 개수로 나타낸다. 흔히 위수라고 부른다. 예를 들어 10보다 작은 자연수의 집합 {1, 2, 3, 4, 5, 6, 7, 8, 9}은 위수가 9인 유한집합이다. 그럼 공집합

---

3) 공집합 개념은 알랭 바디우의 철학을 이해하는 데 중요하다. 그는 공집합을 언급하면서 '장소를 가질 수 없는 모든 장소에 있다'고 말한다. 집합론의 공집합을 '사건이 만들어질 수 있는 장소', 즉 '공백'의 개념으로 받아들인다. 이 공백 중에서 사건이 일어나는 곳을 '공백의 가장자리'라 부른다. 공집합은 어떤 집합도 생겨날 수 있는 가능성의 공간이라는 점에서 존재의 잠재태로 무한의 장소라 할 수 있다. 알랭 바디우는 자신의 철학적 사유를 수학, 특히 집합론에서 빌려와 재해석하고 응용한다.

은 유한집합일까? 상식적으로는 원소가 하나도 없으니까 공집합은 유한집합이 아닐 것 같다. 하지만 공집합은 위수가 0인 유한집합이다. 이처럼 유한집합은 언제든지 그 집합의 크기를 나타낼 수 있다. 유한집합에서 그 집합을 구성하는 원소의 개수가 유한하므로 집합의 크기는 자연스럽게 정해진다.

그럼 무한집합의 경우는 어떨까? 원소의 개수가 무한이므로 집합의 크기를 따지기가 단순치 않다. 그럼, 두 무한집합의 크기를 비교하는 것은 가능할까? 사람들은 이런 물음과 맞닥뜨릴 때 대부분 구체적인 방안을 만들어내는 데 실패하고 곧바로 포기한다. 둘 다 집합의 개수가 무한한데 둘을 비교한다는 건 말도 안 된다고 생각하기 때문이다. 두 유한집합의 크기를 비교하기는 쉽다. 두 집합의 원소 개수를 세어 비교하면 되니까. 하지만 두 무한집합의 크기를 비교하기는 쉽지 않다. 원소의 개수가 유한하지 않으니까. 원소의 개수를 하루, 이틀, 열흘, 천 년, 만 년, 백만 년, 태어나서 죽을 때까지 밥도 안 먹고 잠도 안 자고 아무리 계속 세어도 원소의 개수를 다 셀 수 없다.

여기서 잠깐, 크기 측정과 비교에 대해 생각해보자. 식탁에 길쭉한 오이가 하나 있다고 하자. 이 오이의 크기는 어떻게 잴까? 아주 간단하다. 자를 손으로 집어서 오이의 머리부터 발끝까지 반듯하게 재면 된다. 오이의 크기를 알아내기 위해 사용되는 것은 두 가지다. 하나는 자라는 도구, 다른 하나는 자를 사용하는 방법이다. 그럼, 무한집합 X가 있다고 가정하자. 어떻게 이 무한집합의 크기를 잴 수 있을까? 오이를 잴 때와 마찬가지로 필요한 것은 두 가지다. 하나는 자에 해당하는 도구, 즉 무한집합의 크기를 재는 데 사용하는 자연수 전체집합 N이다. 다른 하나는 재는 방법인 일대일대응이다. 일대일대응이란 쉽게 말해 짝짓기다. 두 집합 A와 B에서 A의 원소 하나를 B의 원소 하나에 대응시키고, B의 원소에 A의 원소를 꼭 하나 대응시키는 방법이다. 그렇게 두 집합의 각 원소가 하나도 남지 않고 서로 짝지어진다. 두 집합의 각 원소끼리 쌍을 만드는 대응관계니까 일종의 함수다. 함수는 집합을 비교하는 대표적인 방안이다. 두 집합 사이에 일대일 대응이 존재하면 두 집합은 외형상 같다고 말한다.

예를 들어 보자. 다섯 명의 남자가 테이블에 앉아 있고 그들 앞에 다섯 개의 과일이 각각 놓여 있다고 하자. 다섯 명의 남자는 김씨, 이씨, 박씨, 조씨, 함씨고 다섯 개의 과일은 사과, 복숭아, 자두, 배, 바나나다. 이때 다섯 명의 사람을 그룹 A, 다섯 개의 과일을 그룹 B로 분류하고 두 그룹 각각을 집합 A, 집합 B라고 하자. 그럼, 두 집합 사이에 일대일대응 관계가 만들어지고 두 집합의 크기를 비교할 수 있게 된다. 이 두 집합의 원소들을 (x, y)로 형식화하면 (김씨, 사과), (이씨, 복숭아), (박씨, 자두), (조씨, 배), (함씨, 바나나)처럼 관계를 맺을 수 있다. 두 집합 모두 원소의 개수가 5로 크기가 같으므로 두 집합은 동치류다. 이때 짝을 짓지 못하는 원소가 남는다면 원소가 남은 그 집합이 큰 집합이다. 이제 두 집합 A, B의 원소들을 알파벳 기호와 숫자로 치환해보자. A={a, b, c, d, e}, B={1, 2, 3, 4, 5}, 그리고 관계를 설정하는 기호 f를 사용하여 f : A→B로 간략하게 표시할 수 있다. 이때 f를 A에서 B로의 함수, A에서 B로의 사상mapping이라고 한다.

함수와 자연수 전체집합 N을 유용하게 활용하면 무한집합의 크기를 잴 수 있다. 이제 다시 묻자. 두 무한집합 사이의 크기를 비교하는 건 가능할까? 가능하다. 어떻게 가능할까? 두 집합의 포함관계를 따지면 될 것 같다. 하지만 이 비교 방법은 매우 제한적이다. 그래서 칸토어는 일대일대응 방법을 이용한다. 어떤 무한집합이 자연수 전체집합과 일대일대응 관계에 놓여있는지를 따져보는 것이다. 가령 두 무한집합인 자연수 전체집합 N과 짝수 전체집합 2N을 비교해보자. 상식적으로는 자연수가 짝수를 포함하므로 자연수 전체집합이 짝수 전체집합보다 두 배는 클 것 같다. 문제는 두 집합 모두 원소의 개수가 무한하다는 점이다. 두 집합을 일대일로 대응시켜보자. (1, 2), (2, 4), (3, 6), (4, 8), (5, 10), (6, 12) … 이런 식으로 짝짓기가 무한히 가능하므로 자연수 전체집합 개수가 짝수 전체집합 개수보다 많다고 단정할 수 없다. 이처럼 집합론의 세계에서는 전체가 부분보다 반드시 크다고 말할 수 없다. 전체가 부분과 같을 수도 있다.

위의 예에서 발견할 수 있는 자명한 사실은 짝수 전체집합 2N이 자연수 전체집합 N의 부분집합이라는 점이다. 즉 자연수 전체집합 N은 자신과 대등한 진부분집합을 포함한다. N의 진부분집합이란 2N처럼 N의 부분집합이지만 N과 같지 않은 집합을 말한다. 이는 무한집합이 갖는 중요한 특징이다. 다시 말해 집합이 자기 자신과 대등한 진부분집합을 가지면 그 집합은 무한집합이다. 이를 기준으로 삼아 무한집합이 아니면 유한집합이라 부른다. 무한집합이 먼저 정의되고 거기서 유한집합이 도출된다. 상식적으로 생각할 때는 유한집합이 먼저 정의되고 나중에 무한집합이 정의될 것 같다. 하지만 정반대다. 왜 그럴까? 무한집합을 먼저 정의하고 나중에 유한집합을 정의하는 것이 훨씬 효율적이기 때문이다. 집합론의 세계에서도 무(無)에서 유(有)가 나온다는 사실은 흥미롭다.

칸토어는 무한집합을 분류하고 무한집합 각각의 크기를 정의하였는데 무한집합의 크기를 농도(濃度) cardinality라 하였다. 무한집합의 농도를 기수 cardinal number라 부른다. 유한집합의 크기(위수)에 해당하는 것이 무한집합의 농도(기수)다. 대표적인 무한집합이 자연수 전체집합 N이다. 수에서 가장 기본이 되는 수가 자연수인 것처럼 무한집합을 다룰 때도 가장 기본이 되는 집합은 자연수 전체집합이다. 그래서 자연수 전체집합의 농도를 $\aleph_0$로 나타내고 Aleph null 또는 Aleph zero라고 읽는다. $\aleph$는 히브리 문자 알레프 Aleph로 신을 상징한다고 한다. 두 개의 무한집합을 비교할 때 각각의 집합 원소 사이에 일대일 대응이 이루어지면 두 무한집합의 농도는 같다. 그래서 자연수 전체집합과 일대일 대응을 이루는 무한집합의 농도는 모두 $\aleph_0$이다. 자연수 전체집합의 농도를 $\aleph_0$로 나타낸 것처럼 실수 전체집합의 농도는 $\aleph_1$로 나타낸다. $\aleph_0$, $\aleph_1$처럼 무한집합의 상대적 크기를 나타내는 수를 칸토어는 초한기수라 불렀다. 그래서 칸토어가 창안한 집합론을 흔히 초한집합론이라 부른다.

무한집합 중에서 자연수 전체집합과 농도가 같은 집합을 가산(可算)집합이라 한다. 셀 수 있는 무한집합이라는 뜻으로 자연수 전체집합, 정수 전체집합, 유리수 전체집합은 가산집합이다. 하지만 무리수 전체집합, 실수 전체집합, 복소수 전체집합은 셀 수 없으므로 불가산(不可算)집합이다. 셀 수 있으려면 차례대로 번호를 붙일 수 있어야 한다. 그래서 가산집합을 가부번(可附番)집합이라고도 한다.

여기서 잠깐, 기수와 서수의 차이는 무엇일까? 기수는 하나, 둘, 셋, 넷처럼 개수를 셈할 때 쓰이는 수고, 서수는 첫째 둘째 셋째처럼 순서를 정하여 번호를 매길 때 쓰이는 수다. 집합에서 크기를 나타내는 원소의 개수와 함께 중요한 것이 원소들의 순서다. 무한집합에서는 이 순서를 고려하여 서수 ordinal number라고 하고 오메가 Omega ω로 나타낸다.

이제 유리수 전체집합을 정렬하여 하나하나 순서대로 세어보자. 유리수 전체집합은 무한집합인데 어떻게 셀 수 있을까? 유리수는 실수 중에서 정수와 분수 전체를 가리키는 수다. a와 b가 정수고 b가 0이 아닐 때 a/b로 나타내는 수다. 그래서 존재하는 모든 유리수는 아래 그림처럼 차례대로 나타낼 수 있다. 0과 음의 유리수도 표현 가능하다. 유리수를 셀 때는 대

각선 방향으로 나아가야 유리수 전체를 다 셀 수 있다. 이렇게
센 유리수 하나하나는 자연수 하나하나와 짝을 지을 수 있다.
즉 유리수 전체집합을 자연수 전체집합과 일대일대응시킬 수
있다. 양의 유리수 전체를 자연수 전체와 일대일대응으로 짝
지을 수 있다. (1, 1/1). (2, 1/2), (3, 2/1), (4, 3/1), … 이는 유리
수 전체집합이 자연수 전체집합과 농도가 같은 집합이라는 의
미다. 이처럼 칸토어는 '대각선 논법'을 통해 정수 전체집합의
농도도 유리수 전체집합의 농도도 자연수 전체집합의 농도와
같음을 밝혔다. $\aleph_0 = |N| = |Z| = |Q|$

그럼, 실수 전체집합의 농도도 자연수 전체집합의 농도와 같을까? 같지 않다. 실수는 자연수와 일대일대응이 불가능하다. 자연수와 일대일대응이 되지 않는 실수가 반드시 존재하기 때문이다. 실수 전체집합의 농도는 흔히 연속체 continuum를 나타낸다는 의미에서 C라고 표기한다. C는 $\aleph_0$ 다음으로 가장 작은 기수라서 $\aleph_1$으로 나타낸다. 칸토어는 멱집합[4]을 이용해 실수 전체집합의 농도가 $2^{\aleph_0}$임을 밝혔다. 즉 C=$\aleph_1$=$2^{\aleph_0}$. 이는 실수 전체집합의 농도가 자연수 전체집합의 농도보다 크다는 의미다. 즉 $\aleph_0$ < C. 자연수 전체도 무한집합이고 실수 전체도 무한집합이지만 실수 전체집합의 무한이 자연수 전체집합의 무한보다 크다는 의미다.

집합론의 세계 속으로 조금 더 깊이 들어가 보자. $\aleph_0$와 $\aleph_1$

---

4) 멱집합(冪集合 power set)은 어떤 집합의 모든 부분집합을 원소로 하는 집합이다. 어떤 집합 S가 주어질 때 S의 멱집합 P(S)의 크기는 항상 원래의 집합 S보다 크다. 그래서 어떤 집합과 그 집합의 멱집합의 원소는 일대일대응일 수 없다. 이것을 '칸토어의 정리'라고 한다. 여기서 자연스럽게 한 가지 의문이 생겨난다. '모든 집합을 포함하는 집합은 과연 존재하는가?' 모든 집합의 집합 V가 존재한다고 가정해보자. 그럼 집합 V의 멱집합인 P(V)는 V의 부분집합이면서도 V보다 크기가 크다. 이는 모순이므로 모든 집합을 포함하는 집합은 존재하지 않는다. 이것을 '칸토어의 역설'이라고 한다. 즉 공리적 집합론에서는 모든 집합을 포함하는 집합은 존재하지 않는다. '모든 집합의 집합'은 알랭 바디우에게 총체성을 가진 신과 동치류로 수용된다. 이는 곧 총체성에 대한 부정이자 신에 대한 존재 부정이다. 집합론의 세계관을 적극 수용했던 알랭 바디우가 유물론적 무신론자인 것은 지극히 당연하다.

사이에는 농도가 다른 무한이 없을까? 결론부터 말하자면 없다. 칸토어는 $\aleph_1$이 $\aleph_0$보다 크다는 건 증명했지만 $\aleph_1$이 $\aleph_0$ 바로 다음의 크기인지는 증명하지 못했다. 그래서 $\aleph_1$이 $\aleph_0$ 바로 다음의 무한이라고 생각했다. 다시 말해 자연수 전체의 무한 크기와 실수 전체의 무한 크기 사이에 또 다른 크기의 무한은 없다고 생각했다. 이 생각을 일반화한 것이 연속체가설 Continuum hypothesis이다. 왜 가설이라는 말이 붙었을까? 아직 증명되지 않았기 때문이다. 연속체가설은 우리 수학 체계에서는 증명 자체가 불가능하다. 이 사실을 밝힌 것이 그 유명한 괴델(1906~1978)의 '불완전성 정리'다. 불완전성 정리의 내용은 우리가 다루는 수학 체계 내에서 그 체계에 모순이 없다면, 그 모순 없음을 우리의 수학 체계 내에서는 밝힐 수 없다는 것이다. 이는 어떤 수학 체계가 있을 때 그 수학 체계 내에서는 증명될 수 없는 명제가 항상 존재한다는 의미다. 불완전성 정리는 공리적 수학에 한계가 있을 수밖에 없고 수학은 영원히 완성될 수 없음을 깨닫게 한다. 괴델의 불완전성의 정리에서도 무한의 역할은 매우 강력하고 핵심적이다. 무한하지 않은 공리 체계에서는 모순 없는 완전한 공리체계가 가능하니까. 괴델의 불완전성 정리 때문에 연속체가설은 현재까지도 계속해서 가설로 남아 있다. 하지만 현대의 수학과 물리학에서 연속체가설은 일반적으로 옳은 것으로 간주한다. 연속체가설은 미적분을 다루는 해석학, 위치와 형상을 다루는 위상수학 등 현대수학의 여러 분야를 발전시켰다.

빅뱅의 의미와 시간의 무한성

현대과학에서 우주 창조와 관련하려 가장 설득력 있는 과학적 주장은 빅뱅이론[5]이다. 대다수 과학자는 빅뱅에 의해 우주가 시작되었다고 생각한다. 빅뱅의 우주 창조론을 받아들이면 빅뱅은 무한을 시작하는 기수 0에 해당한다. 서수의 개념으로 보면 빅뱅은 무한을 시작하는 첫 번째 수 1에 해당한다. 여기서 궁금증이 생긴다. 빅뱅으로 시작된 우주는 지금 어느 기수, 어느 서수에 해당하는 크기로 팽창하고 있을까? 미래에는

---

5) The Big Bang Theory : 137억 년 전, 대폭발을 일으켜 우주가 시작되었다는 우주 탄생 이론. 1929년 허블(1899~1953)은 우주를 관측하다가 지구에서 먼 은하일수록 점점 더 빠른 속도로 멀어진다는 사실을 발견한다. 이는 우주가 팽창하고 있다는 증거고 이를 근거로 우주의 시작에 대한 논의와 탐색이 본격화된다. 만약 우주가 대폭발로 시작되었다면 폭발 당시 엄청나게 뜨거운 열과 복사선이 방출되었을 것이고 그 흔적이 우주 어딘가에 남아 있어야 한다. 이 흔적이 '우주배경복사'인데 1965년 실제로 발견된다. 이후 빅뱅이론은 현재까지 우주의 탄생을 설명하는 가장 강력한 이론으로 자리잡았다.

얼마나 더 큰 수로 더 커질까? 이런 상상을 할 때 직면하는 난제가 바로 무한이다. 과연 우주는 무한한가? 만약 우주가 무한하다면 우주의 무한한 확장은 가능할 것이다. 그러나 아무도 알 수 없다. 누구도 이 물음에 단정적으로 대답할 수 없다. 하지만 분명한 것은 현재 우리가 사는 지구, 지구가 속한 태양계, 태양계가 속한 우주는 빅뱅의 대폭발 이후 끝없이 팽창하고 한순간도 쉬지 않고 팽창을 가속화하고 있다는 점이다. 수의 관점에서 말한다면 빅뱅은 0이 폭발하여 연속적으로 숫자들을 무한히 만들어내는 과정이다. 수의 무한을 통해 우주의 존재 기원과 끝을 상상해보는 것은 매우 흥미롭다.

그럼, 시간은 무한할까? 우주 공간의 문제와 함께 시간의 문제 또한 매우 중요하고 민감하다. 인간이 물리적 세계에서 사회활동을 하면서 경험하는 시간은 숫자로 표시된다. 하루는 24시간이고 1시간은 60분이고 1분은 60초로 정해져 있다. 현실의 시간은 본래의 시간을 일정한 크기로 자르고 하루하루 분할하여 체계화한 것이다. 인간이 시간을 분절하여 규칙과 질서를 부여한 것으로 무한집합 일부를 잘라내어 만든 일종의 유한집합이라 할 수 있다. 유한집합의 크기가 유한한 것처럼 이렇게 잘려진 부분으로서의 시간은 유한하다. 우리가 일상에서 경험하는 시간, 이 일상의 시간, 현실의 시간은 유한하다. 그러나 일상과 현실을 벗어난 우주의 시간을 상상할 때 그 시간은 무한해진다. 수가 무한인 것처럼 시간도 무한히 커진다. 어떤 숫자보다 큰 숫자가 항상 존재하는 것처럼 시간 이후의 시간이 무한히 존재한다. 그래서 시간은 단 한 번도 같은 시간이었던 적이 없다. 끝없이 무한을 향해 흘러가는 무한한 강물과 같다.

지구와 시간의 관계도 생각해보자. 지구의 한계. 지구의 종말이라는 시간이 과연 도래할까? 지구는 물질이고 모든 물질은 유한한 존재이므로 지구에는 분명히 끝이 있을 것이다. 그래서 우리는 무한의 시간이 아닌 한시적이고 제한적인 지구의 시간, 전체가 아닌 부분의 시간을 살아간다. 이것이 지구의 시간이기에 지구는 언젠가 소멸할 것이다. 이 소멸의 시간이 도래하면 인간이 인위적으로 만든 일상의 시간은 사라지고 우주의 시간만이 어둠 속을 도도히 흘러갈 것이다. 일상의 시간은 인간이 생활의 질서를 위해 만든 것이니 인간의 소멸과 함께 사라지고 시간은 시간이라 이름 붙일 수 없는 무엇으로 우주에 잔존할 것이다. 그것이 진짜 시간의 무한일지 모른다. 어쩌면 무한이라 이름 붙일 수 있는 시간은 진짜 시간이 아닐지 모른다. 어떤 이름조차 붙일 수 없는 시간, 그것이 시간의 진짜 얼굴 아닐까?

예술과 창조, 신과 인간의 관계

예술은 유한한가? 간단히 답할 수 없는 근원적인 물음이다. 그러나 예술품 자체는 유한하다. 하지만 예술가는 음악, 색채, 문장, 영상, 물질, 행위 등으로 예술품을 만드는 과정을 통해 무한에 긴밀히 관계한다. 자신의 상상과 생각과 의미를 다양한 색과 문양과 형상으로 예술품에 투영한다. 유한한 시간과 공간에 존재하는 예술품에 무한한 시간과 생각과 감정을 담아낸다. 그런 점에서 보면 예술품 속엔 무한이 담겨 있다. 알랭 바디우 또한 '창조된 모든 것은 무한과 관련 있다'고 본다. 이는 예술가의 행위가 인간 생각의 한계, 상상의 한계, 시간과 공간의 한계를 극복하려는 초월적 행위일 수 있음을 암시한다. 나아가 예술품에는 인간의 무한에 대한 본능적 욕망이 담긴다는 의미다. 수천 년 전에 살았던 어느 작가의 예술품이 아직도 사랑받는 것은 예술품 자체의 유한성을 넘어서는 작가의 혼과

감동 덕분일 것이다. 이것은 예술에만 국한되는 이야기가 아니다. 수많은 수학 이론, 물리학 이론, 미생물 연구, 의학 연구, 사회학 이론 등에도 각 저자의 무한한 꿈과 열정이 담겨 있다. 그것은 그들이 삶의 시간, 유한한 자기 목숨과 맞바꾼 매우 가슴 아픈 흔적이다. 그것이 그들의 죽음을 무한의 세계로 이끌기도 한다.

여기서 자연스럽게 창조의 문제를 생각하게 된다. 예술품 창조를 넘어서 더 넓은 범주의 창조로 생각을 확장해보자. 이 세계의 창조에 관해서 말이다. 이 우주, 이 세계는 언제 창조되었을까? 앞서 빅뱅 이론을 통해 우주의 시작에 관해 이야기했지만 빅뱅 이전의 시간대에 대해서는 여전히 누구도 대답할 수 없다. 과연 이 우주, 이 세계는 누가 창조했을까? 이 망막하고 두려운 질문에 누구도 명쾌하게 대답할 수 없다. 그러나 이 막막한 물음을 통해 우리는 우리의 존재 기원과 죽음에 대해 깊게 생각할 기회를 얻는다. 이때 필요한 것이 진실한 마음과 자유로운 상상력이다. 흔히 수학이나 물리학을 공부하면서 필수적으로 갖추어야 할 능력으로 '논리적 사고'를 우선시한다. 하지만 미지의 새로운 세계, 불가능의 영역을 탐색해 들어갈 때는 무엇보다 필요한 것이 '자유로운 상상력'이다. 수학적 상상력은 시인의 상상력이나 화가 또는 음악가의 상상력과도 연관이 깊다. 그렇다고 문학, 미술, 음악, 무용 등에서 요구되는 예술적 상상력이 수학에도 반드시 요구된다는 말은 아니다. 수학자의 상상은 눈으로 볼 수 없는 추상공간에서 움직이므로 어떤 예술가의 상상력보다도 추측하기 어렵다. 그러나 이 세계의 존재 원리와 구조에 대해 탐색한다는 점에서 철학적 탐구이자 미학적 접근일 수 있다.

정말 이 세계는 언제 시작된 걸까? 이 막막하고 아찔한 물음에 대해 좀 더 근원적으로 생각해보자. 시작이 어떻게 태어났는지 묻는다면 그것은 참된 시작이 아닐 것이다. 시작은 무엇인가로부터 태어나고 시작이 설정되면 그 시작 이전에 무언가가 있었다고 생각해야 하기 때문이다. 만약 최초의 절대적인 시작이 존재한다면 그것이 시작일 것이다. 그러나 이 시작에 관한 물음에 정확한 답을 할 수 있다면 그 답에 언급된 시작은 진정한 시작일 수 없다. 그 시작은 이미 최초의 절대적 시작일 수 없으니까. 여기서 자연스럽게 신의 존재가 또다시 부각된다. 신과 인간의 관계를 생각하게 된다. 종교에서는 신이 만물을 창조했다고 말한다. 이 세계는 신에 의해 시작되었다고 말한다.

그렇다면 만물을 창조한 신은 누가 창조했을까? 이 물음에 대한 알랭 바디우의 대답은 '신은 창조되지 않았다'이다. 만약 신이 다른 신에 의해 창조되었다면 그 신 또한 또 다른 어떤 신에 의해 창조되어야 하기 때문이다. 이후 무수히 많은 신의 존재가 계속해서 탄생해야 하기 때문이다. 수의 경우와 마찬가지로 신의 존재 문제는 무한과 긴밀하게 연관되어 있다. "신을 제외한 나머지 모든 것은 신에 의해서 창조되지만, 신은 창조되지 않습니다." 이렇게 말하면서 알랭 바디우는 더 중요한 물음을 던진다. 신이 '무언가를 왜' 창조했는가 하는 것이다. 정말이지 우리가 살아가는 이 세계, 이토록 이상야릇한 세계를 신은 왜 창조했을까? 이 대목에서 의구심이 들 수 있다. 신은 완벽한 존재인데 완벽한 존재가 왜 완벽하지 않은 이 세계를 창조했을까? 신이 정말 완벽한 존재라면 그 무엇도 필요치 않았을 텐데 왜 우주를 만들었을까? 왜 하늘과 땅을 만들고 인간을 만들었을까? 왜 우리를 만들어 이런 이상야릇한 질문을 던지게 하는 걸까? 상식적으로 생각하면 신은 완벽하니까 완벽한 자신 이외는 그 무엇도 필요 없을 것 같다. 그런데도 세계를 창조했다. 전쟁과 죽음이 지속되는 세계, 슬픔과 고통이 끝나지 않는 세계, 아름답지만 슬프기도 한 이 모순투성이 세계를 도대체 신은 왜 창조했을까?

상상해보자. 혹시 신은 완벽한 자기 자신에게 지루함을 느낀 건 아닐까? 예술가처럼 재미를 느끼고 싶어 자신 이외의 무언가를 만들기 시작한 게 아닐까? 신은 우주를 창조하고 인간이 살 세상을 창조하고 인간을 창조하면서 어떤 엄청난 기쁨을 느꼈을지도 모른다. 그 창조 과정이 너무나 재밌고 즐거웠을지도 모른다. 그렇지만 얼마 후 싫증을 느꼈을지도 모른다. 그래서 끝없이 다른 무언가를 또 창조했는지도 모른다. 이런 시각에서 보면 이 세상은 신의 영화관이고 음악관이고 예술무대라 할 수 있다. 이 과정은 시인이 새로운 시를 창안하는 과정, 평론가가 새로운 해석 루트와 방안을 발견해가는 과정, 화가가 새로운 그림을 그리는 과정, 작곡가가 낯설고 새로운 음악을 창조하는 과정과 매우 흡사하다. 하지만 우리는 상상하고 추론할 뿐 그 무엇 하나 확정할 수 없다. 대답은 오직 신만이 할 수 있는 매우 복잡하고 근원적인 것이다. 우리는 영원히 알 수 없다.

또 하나의 가지치기 질문을 해보자. 그럼 신은 왜 인간을 무한한 존재가 아니라 유한자로 창조했을까? 만약 신이 인간을 유한하지 않은 무한의 존재로 창조했다면 그 창조된 인간은 이미 신의 존재와 다를 바 없을 것이다. 그럼 신이 또 다른 신을 창조한 것이 되므로 신은 자신과 동등한 존재를 창조해서는 결코 안 되었을 것이다. 그래야만 자신이 계속 신으로 존립할 수 있으니까. 즉 창조되지 않은 신의 존재를 믿는다면, 신은 왜 우리를 창조하고 인간을 창조했을까 하는 질문 자체가 문제가 되는 것이다. 그래서 신이 왜 유한자인 인간을 만들었는지 하는 물음에 대해 알랭 바디우는 그건 피조물인 인간이 아닌 '신에게' 해야 한다고 말한다. 유한의 존재인 인간이 어떻게 신의 창조 이유를 이해할 수 있을까? 그런데도 근원에 대한 인간의 물음은 계속되어야 하고 계속될 것이다. 질문의 세계 또한 무한의 세계이니까. 여기서 나는 이런 생각에 빠져든다. 신은 인간으로 하여금 무한의 세계에 대해 무한히 물음을 던지라고 유한의 존재로 창조한 건 아닐까?

무한의 힘과 효용성

인간은 유한자이고 결국은 죽는데 무한을 상상하고 탐색하는 일이 무슨 소용이 있나? 이런 회의적 물음에 알랭 바디우는 "무한은 죽게 마련인 짧은 삶에 인간이 속박되지 않는 데 소용된다."라고 말한다. 인간은 유한하지만, 무한으로 가는 수많은 통로를 가지고 있다는 것이다. 예술, 수학, 문학, 정치, 과학뿐 아니라 사랑과 행복에도 무한은 유용하다고, 그는 설명한다. 정말 맞는 말 같다. 사랑에 무한의 속성이 들어 있지 않다면 사랑하는 사람을 향한 무한한 헌신과 열정은 사라지고 사랑은 사멸할지 모른다. 우리가 영원한 사랑을 꿈꾸고 행복을 지향하는 것 자체가 무한에 대한 갈망일 수 있다. 이런 갈망이 있기에 인간은 동물 중에서도 아주 특별한 존재다. 폭넓게 말해 인간의 마음이 지향하는 모든 것에는 무한에 대한 갈망이 담겨 있다. 인간은 의식적으로든 무의식적으로든 무한하기를 꿈꾼다. 알랭 바디우의 말처럼 '인간은 이 우주에서 정말이지 아주 작은 개미'일 뿐이다. 그런 미미한 존재인 우리 인간이 무한에 대해 끝없이 상상하고 생각한다는 사실, 인간의 위대한 힘이 거기 있다. 무한하지 않은 인간이 무한의 세계를 꿈꾼다는 점에서 인간은 무한의 존재일지 모른다. 비록 육체적으로 유한하지만, 그 유한의 몸으로 무한을 꿈꾸는 존재, 그것이 우리 인간이다.

잠시 수 체계의 무한을 떠올려보자. 현재 우리나라 고등학

교까지의 수학에서 다루는 수 체계는 자연수 전체로 이루어진 집합 N, 정수 전체로 이루어진 집합 Z, 유리수 전체로 이루어진 집합 Q, 실수 전체로 이루어진 집합 R, 복소수 전체로 이루어진 집합 C 등이다. 모든 수 체계는 자연수를 기초로 한다. 자연수 수 체계를 근간으로 그것을 확장하고 세분화하여 수의 범위가 점점 넓어지고 커진다. 성경의 창세기 구절처럼 자연수는 정수를 낳고, 정수는 유리수를 낳고, 유리수는 실수를 낳고, 실수는 복소수를 낳는다. 그렇다면 복소수는 지금까지 발견되지 않는 또 다른 미지의 수를 낳을 수 있지 않을까? 수는 무한할 수 있으니까. 그런 상상이 충분히 가능하니까. 새로운 미지는 가장 기초적인 물음, 당연한 것에 대한 회의와 부정에서 출발하니까. 그러니 이 무모하고 해괴망측한 불가능의 수를 상상해보자. 나는 그 수를 '불수(不數)' 또는 '불가능 수'라고 부르고 싶다. 언젠가 그 '불가능 수'를 찾아내 기호화하고 체계화하려는 미친 수학자가 나오길, 나는 고대한다.

인간 세상의 전쟁사나 예술사처럼 수학사 또한 끊임없이 불가능에 도전하는 상상력의 역사였고 고독과 상처의 역사였다. 그런 역사 속 인물 중 한 사람이 칸토어다. 무한에 대한 칸토어의 허무맹랑한 상상과 도전에서도 가장 중요한 출발지는 자연수다. 자연수 전체집합이다. 정수 전체집합도 유리수 전체집합도 자연수 전체집합을 확장하여 얻은 것이다. 자연수 전체집합을 기초로 하여, 덧셈 연산에 관하여 군 group이라는 대수적 구조를 가지도록 확장한 것이 정수 전체집합이고, 덧셈과 곱셈 연산에 관하여 체 field라는 대수적 구조를 가지도록 확장한 것이 유리수 전체집합이다. 칸토어의 빛나는 결과도 중요하지만, 그 결과에 닿기 위해 그가 겪은 실패와 고통, 참담한 고독과 착란이 그 결과를 더욱 빛나게 한다. 자연과 우주에 대한 인간의 무한한 물음과 수학적 탐구가 사라진다면 이 세계는 얼마나 단순하고 재미없겠는가. 무한은 인간을 살리고 이 세계를 살려 유지시키는 강력한 에너지다. 인간은 무한이 주는 한계와 공포를 딛고 탐색해 무한의 세계를 해부했고 지금도 더 깊은 미지를 향해 나아가고 있다. 알랭 바디우가 수학은 '죽음보다 훨씬 강하고' 그래서 반드시 수학을 배워야 한다고 힘주어 말하는 이유가 여기에 있다.

영(0)과 무한(∞), 죽음의 공포를 넘어

0은 무한의 출발점이다. 수를 셀 때 0부터 하나, 둘, 셋, 세어나가기 때문이다. 그러나 수의 범위를 정수로 확장하면 어떨까? 정수는 자연수(양수)에 0과 음수를 포함한 수다. 음수를 포함하면 0은 무한의 시작점이라기보다 무한의 중심점이라는 말이 더 적합하다. 대표적인 음수인 −1은 양수 1의 대비 숫자다. −1을 알려면 우선 1의 속성을 정확히 파악해야 한다. 자연수는 모든 수의 진정한 출발지이기 때문이다. 수의 범위 확장이 자연수에서 비롯되듯 무한을 다루는 수들의 무한집합 또한 자연수 집합에서 출발한다. 0은 양에도 음에도 기울어지지 않는 아주 특별한 신비의 수다. 앞서 서수 이야기를 했는데, 순서가 중요한 서수의 관점에서 삶과 죽음을 생각해보자.

삶과 죽음은 따로따로 떼어놓을 수 있는 각각의 집합일까? 쉽게 답할 수 없는 질문이다. 그렇지만 죽음은 우리의 삶이 유한하다는 사실을 상기시키고 증명한다. 그럼, 삶과 죽음 중에 무엇이 먼저일까? 삶 다음에 죽음이 오므로 서수의 관점에서 보면 죽음이 이전의 모든 삶을 포함한다. 그러나 그 죽음은 끝의 수가 아니고 또 다른 수의 시작일 뿐이다. 무한의 세계에서는 끝이 없으니까. 그렇게 무한을 적용하여 보면 죽음은 다시 삶에 포함되는 서수다. 이것은 0과 무한의 관계와 흡사하다. 무한을 향해 끝없이 달리고 달려 결국은 제자리로 돌아오는 시계 바늘처럼 삶과 죽음은 무한의 세계 속에서 무한히 회전 운동을 반복한다. 삶도 죽음도 끝을 셀 수 없는 무한집합이 아닐까? 무한은 먼 우주에만 있는 것이 아니라 우리의 삶과 죽음에 긴밀히 침투해 있다.

그런데도 우리는 왜 무한에 대해 깊이 생각하지 않는 걸까? 알랭 바디우는 "무한에 대한 생각이 우리 자신의 유한성과 죽음을 상기하기 때문"이라고 말한다. 매우 정확하고 예리한 진단이다. 실제로 우리는 무한과 마주치는 순간은 두려움과 공포를 느낀다. 무한은 죽음과 긴밀하게 연결되어 있어 끔찍하고 고통스러운 공포를 주기도 한다. 이 경우 무한은 가상이 아니라 실재다. 우리는 무한에 영원히 둘러싸여 있는 것이다. 그래서 파스칼(1623~1662)은 "이 무한 공간들이 자아내는 침묵이 나를 두렵게 한다"고 말했던 것은 아닐까? 파스칼은 0과 무한의 존재를 신(神)의 존재 증명에 활용함으로써 수학을 인간과 신에 대한 성찰 도구로 삼았던 수학자다. 인간을 0과 무한의 중간적 존재로 보고 수학을 통해 형이상학적 사유를 펼쳐나간 철학자이기도 하다. 파스칼처럼 나를 비롯한 모든 인간은 물질세계에서 유한한 몸으로 살아간다. 그러나 상상해보자. 만약 인간이 무한한 삶을 산다면 그래서 아무도 죽지 않는다면 지구는 어떻게 될까? 지구가 창조되고 지금까지 지구의 모든 생명체가 하나도 죽지 않고 모두 살아 있다면 지구는 어떻게 될까? 정말로 우리가 죽지 않고 영원히 산다면 어떤 일들이 벌어질까?

살 수 있는 시간이 무한하므로 오늘 할 일을 끝없이 미룰 것이다. 세계는 금세 권태와 환멸로 가득 찰 것이다. 생각만 해도 끔찍하다. 겉보기엔 무한의 삶이 좋아 보이지만 그것만큼 불행하고 무서운 일도 없다. 유한한 삶이 무한을 동경하게 하고 생명의 시간을 빛나게 하는 것이다. 이 소중한 사실을, 우리는 잊고 살아간다. 인간은 유한의 몸으로 유한한 시간을 살아가면서 무한의 세계를 꿈꾸며 무한한 가치가 있는 무언가를 하려 한다. 그것이 예술이고 사랑이고 교육이고 종교다. 그러니 우리가 유한자인 것이 정말 다행이고 크나큰 축복이다. 그래서 무한자인 신은 우리를 유한자로 창조한 것은 아닐까? 무한자가 되는 것보다 무한을 꿈꾸는 유한자가 더 행복한 자 아닐까? 이 기묘한 아이러니 속에서 우리는 또 오늘 하루를 살아간다. 무한을 향해 한 걸음 한 걸음 나아가며 숨쉬고 사랑하고 울고 웃는다. 유한과 무한, 우리는 그 양팔저울의 팽팽한 균형 속에 살아간다.

유한과 무한

1판 1쇄 발행일 2021년 3월 1일
1판 2쇄 발행일 2021년 10월 1일

글쓴이 | 알랭 바디우
옮긴이 | 조재룡
해제 | 함기석
편집주간 | 이나무
펴낸이 | 김문영
펴낸곳 | 이숲
등록 | 2008년 3월 28일 제301-2008-086호
주소 | 경기도 파주시 책향기로 320, 2-206
전화 | 02-2235-5580
팩스 | 02-6442-5581
홈페이지 | http://www.esoope.com
페이스북 | http://www.facebook.com/EsoopPublishing
Email | esoope@naver.com
ISBN | 979-11-91131-09-3 03160
ⓒ 이숲, 2021, printed in Korea.